子どもは こう育つ！

おなかの中から6歳まで

小西行郎／小西 薫

赤ちゃんとママ社

　「子どもが育っていく姿をどんなふうにイメージしますか？」と質問してみると、多くの方から「坂道を登るように、上向きに伸びていく」という答えが返ってきます。

　ところが実際には、なかなかそうはいきません。子どもは「よい子」のままで、つまり親にとって「都合のよい姿」で、ひたすら坂道を登るように大人になっていく、ということはないのです。

　子どもが育つ過程には、「親にとって不都合なこと」もたくさん起こるし、「できていたことが突然できなくなってしまった」と思えたり、むしろ「逆戻りしてしまった」と感じたり。ともかく、心配させられたり、悩ましいことが山ほどあります。

　私たちは、子どもはらせん状に育っていく、というイメージをもっています。できたり、できなかったり、行きつ戻りつしながら、それでも伸びていくのが子どもの発育なのです。

　赤ちゃん学の研究などから、赤ちゃんの育ち方について、科学的な事実もたくさんわかってきました。子育ての習慣や伝承など、大切にしたいこともあるけれど、根拠のない内容で親を苦しめてきたこともあったし、今でもあります。

本書を通して、受精という赤ちゃんの芽生えから6歳の幼児期まで、どんなふうに育っていくのか、そのメカニズムや特徴をおおまかに知っていただき、流言飛語に惑わされたり縛られたりすることなく、子育てを楽しんでいただけたらと思います。

　また、子育てをしていくうえで、ほんとうに大切にしなければならないことは何かを確認していただき、日々の赤ちゃんや子どもとのおつきあいに生かしていただきたい。

　一つの命が誕生したときから、一人の個性ある人間として尊重し、愛おしむ大人の思いこそが、子どもが育つうえで、欠かせない栄養となるのです。

　1960年代、昭和の時代ですが「こんにちは赤ちゃん」（作詞：永六輔、作曲：中村八大）という歌がはやりました。赤ちゃんの健やかな成長を祈りながら「初めまして、私がママよ」とあいさつをします。その距離感がとてもいい。機会があったらぜひ聞いてみてください。

　子育てに疲れていたり、困っている方々の気持ちが少しでも軽減し、子どもとのおつきあいが楽しい時間になっていただければと、心から願っています。

小西行郎／小西 薫

もくじ

Part 1 赤ちゃん誕生
〜あんよ

Part 2 あんよ 〜「イヤイヤ！」

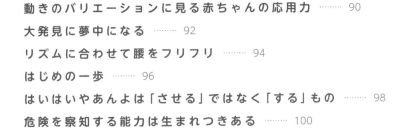

Part 3 「イヤイヤ！」
〜友達大好き

Part 4 友達大好き
〜そしてもうすぐ一年生

Prologue

おなかの赤ちゃん
なにしてる？

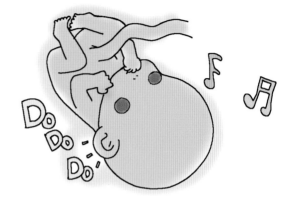

命が芽生え

ママのおなかは　ゆらゆら　ゆりかご

元気に育て　もうすぐ会える

赤ちゃんがやってきた！

「そろそろ子どもが欲しい」と妊活ルートにのる夫婦、「できちゃった」と結婚する人、あるいはシングルマザーを選択する人。生き方、考え方はさまざまです。

それはともかく、生命の誕生、「受精」という現象は、とても神秘的です。一つの卵子に向かって数億の精子が突進し、そのなかできわめて運のよい精子だけが卵子と結合し、受精卵になるのですから、まさに運命的な出会いなのです。そしてその結果、赤ちゃんはママのおなかに住み着きます。

飛躍的な医療の進歩が影響しているのかもしれませんが、赤ちゃんは意図的に「つくれるもの」という考えが、ここのところ強くなっているように見受けられます。どのように科学が進もうとも、いや進めば進むほどに、人間の誕生、そしてその成長は、「コウノトリが運んできた」「神様からの授かりもの」などと、昔から語り継がれてきた言葉がぴったり。とても崇高なことなのです。

新しい命の受け止め方は、その後の子育てに大きく影響するものだと思います。子どもを「自分たちがつくった作品だ」などと言えるほど、子育ては簡単ではありません。二人のDNAから編み上げられた命には、唯一の「個性」が、す

不思議な出会い

数千万の人間から一人ひとりが

出会い結ばれる　驚き！

数億の精子から勝ち残った精子が

卵子と出会い　不思議

ママのおなかの中で育ち

奇跡

こんなにボリュームのある子が生まれた

イリュージョン！！

毎年、「福男」の放送を見ると生命の誕生…って思っちゃうのよね

13

でに存在しています。

その一つの証が「つわり」という現象かもしれません。胎児は母体にとって、ある意味「異物」です。つわりは赤ちゃんが「ここにいるよ」と、まるで自己ア

ピールしているようではないですか。そこには、ママでもなければパパでもない、別の心をもつ、別の人間として育つ命がいるのです。

信じられない!?

細胞にはリズムがある

受精卵は、細胞分裂を繰り返しながら大きくなっていきます。一人の人間がもつ細胞の数は37兆個といわれていますから、とても早いペースで細胞分裂を繰り返していることが想像できますね。

その細胞の一つひとつはリズムをもっています。それは人間だけではありません。動物、植物、昆虫、鳥、魚…果ては単細胞生物まで、生きとし生けるものの細胞すべてがリズムをもっています。

分裂を繰り返す細胞が臓器としてかたまると、それぞれの細胞同士が同期して、同じリズムをもつ臓器になります。最初に動き始める臓器は心臓ですが、集まった細胞たちは同期して、心臓として同じリズムで心拍を刻み始めるのです。肺、肝臓、胃腸、大腸など、あらゆる臓器が同じようにつくられていきます。

細胞のリズムは、おおよそ24時間というリズムで機能しています。体の中に時計をもっているわけですね。これを体内時計といいます。

一人の人間の中にある臓器が、それぞれに勝手なリズムで動いているわけにはいきません。そこで、調整者として登場するのが、脳の視交叉上核にある中枢です。この中枢の機能が働き始めるのは、生後4ヵ月ごろ。

同期の仲間

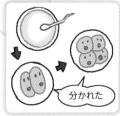

生後4ヵ月になると

はい、みんな一緒に！

ドクンドクン

中枢

ドクン

ドクン

内臓

ドクン

強いストレスがかかると胃腸の具合が悪くなるのは、この中枢と胃腸の関係が乱れるからです。また、暴飲暴食を続けていると、中枢は「もう、手に負えません」と悲鳴をあげ、代謝機能を狂わせてしまい糖尿病などになります。それぞれの内臓と中枢は、お互いにバランスをとり合う関係なのです。

何時に起きて食事をして、何時になったら出かけて…と、私たちは時間とともに日常生活を送っています。この時間配分が体内時計と大きくかけ離れてしまうと、体に負担がかかり、健康を害することになるのです。

ママの体内時計に調和させた生活リズムは、おなかの赤ちゃんにとっても、大切なことなのです。

地球と同期しよう！

細胞のリズムは

おおよそ24時間

地球のリズムも24時間

ナント地球と胎児ちゃんの内臓は

同期している

同期を解除している人は見直しを

ママとつながる、頼みのへその緒

受精卵は子宮の中で、およそ38週かけて成長していきます。生まれるときには身長が約50㎝、体重が約3kgほどの赤ちゃんに育ちます。

そのためには環境を整えなければなりません。赤ちゃんのへそから伸びる臍帯（へその緒）は胎盤につながり、ママの血液で運ばれる酸素や栄養を赤ちゃんに届け、逆に赤ちゃんから出た老廃物はママの血液に渡して処理してもらいます。

また、胎盤からは「妊娠を継続するために」「産後の母乳を準備するために」「ママの生理的変化を援助するために」と、さまざまなホルモンが分泌されています。

子宮は赤ちゃんの成長とともに大きくなり、中は羊水で満たされ、赤ちゃんを守っています。

へその緒でママとつながっている赤ちゃん。昔は「胎児と母体は一つの心、二つの体」などといわれ、ママのストレスが胎児に影響するといわれました。でも、重い病気などの強いストレスに長期間さらされないかぎり、胎盤はストレスをブロックすることもわかっています。

ママたちが、いつも幸せであってほしいと願います。でも、現実にはそうもいかないことがあるでしょう。夫婦げんかをしたり、不愉快な思いをすることもあ

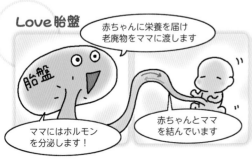

Love胎盤

赤ちゃんに栄養を届け老廃物をママに渡します

胎盤

ママにはホルモンを分泌します！

赤ちゃんとママを結んでいます

そのうえストレスをブロック!!

頼もしい！

胎盤ちゃん

キャー

最近不思議すぎだ

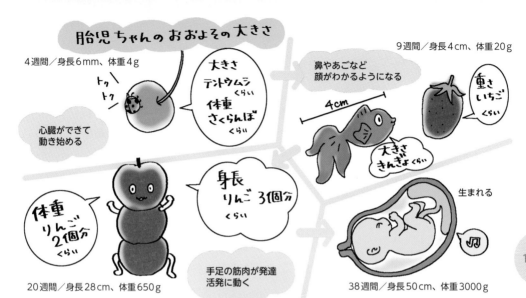

胎児ちゃんの おおよその大きさ

4週間／身長6mm、体重4g

心臓ができて
動き始める

大きさ テントウムシ くらい
体重 さくらんぼ くらい

9週間／身長4cm、体重20g

鼻やあごなど
顔がわかるようになる

4cm

大きさ きんぎょ くらい

重さ いちご くらい

体重 りんご 2個分 くらい

身長 りんご 3個分 くらい

手足の筋肉が発達
活発に動く

20週間／身長28cm、体重650g

生まれる

38週間／身長50cm、体重3000g

ると思います。そんなときでも、赤ちゃんへの影響ばかりを心配せずに、前向きに生活していただきたいと思います。

一方、大きく影響するのが、ママの食事と睡眠です。飲酒や喫煙なども含めた不適切な食生活と、不規則な生活からくる睡眠不足などは、へその緒を通して赤ちゃんに伝わります。

ブロックできない

いいって
言ったじゃん

新車

言ってないよ

とにかく俺は
買うよ

あ！

買っちゃいやだ
ばぶぅ〜

ズルイ…

おなかの赤ちゃんは学び始めています

　赤ちゃんは、おなかの中でいろいろと感じ始めます。18週を過ぎたころには、羊水を通してママのくぐもった声を聞いています。これは赤ちゃんに「聴覚」という感覚器官ができたからです。

　なにかを感じる器官は、かなり早くからでき始めます。7週目には口のまわりの感覚が出てきて、さらに12週になると味覚も出てきます。命をつなぐために重要な口から感覚器官ができてくる…自然の法則には感心させられます。

　感覚器官は、一般的には五感といわれ、「触覚」「聴覚」「視覚」「味覚」「嗅覚」の5つをいいます。でも、ヒトの感覚は

空腹や尿意というような、臓器の状態を感じとる内臓感覚や、体の動きや位置の変化を感じとる体性感覚などもあり、5つだけというわけではありません。

　もっとも早くに出現し、重要な役割を果たすのは「触覚」。7〜8週ごろには、口のまわり、10週には手足の指から始まるといわれています。

　口と指といえば…指しゃぶり。感じ始めたおなかの赤ちゃんは、さっそく指しゃぶりをしています。

　手の触覚をもった赤ちゃんは自分の体を触り始めます。体中を触ることで、脳の体性感覚野を活性化し、発育を促進さ

18

なりゆき

口のまわりの感覚ができ

手足の指の

感覚が

できてくると

こうしてみたいのは人情でしょう

ちゅっ

せているといわれています。自分のボ
ディーイメージをつくっているのかもし
れません。「聴覚」が発生する18週ご
ろまで、赤ちゃんはひたすらこの「触覚」
を使って、子宮内を探索しているのです。

　感覚器官を使った学びは、子どもから
大人になっても、一生続く活動です。

　特に6歳までの子どもでは、なにかを
教える、習わせるというより、子どもが
自発的に選んだ遊びや体験から、感覚器
官をフルに活用させ、知識や情報を獲得
していくことが重要です。子どもがなに
かに取り組んでいるときには邪魔をせ
ず、大切に見守りたいものです。

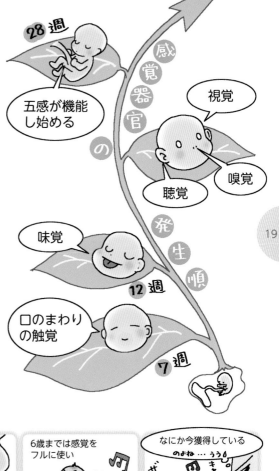

感覚器官の発生順

28週　五感が機能し始める

視覚
嗅覚
聴覚

味覚　12週

口のまわりの触覚

7週

19

なんだって、獲得！

わずか7週から始まった
触覚…

この後18週ごろまで
子宮内で触覚を使い

6歳までは感覚を
フルに使い

多くのものを獲得！

なにか今獲得している
のよね…うぅ♪

おなかの赤ちゃん、どんなふうに動いてる？

「ん？…動いたみたい！」

ママがおなかの赤ちゃんの動きを最初に感じるのは、個人差がありますが16週ごろからです。羊水の中を浮き沈みしている赤ちゃんが、突然、全身をピクッと動かします。まるで驚いたように見えるので「驚愕運動」と呼ばれ、これが全身を使った赤ちゃんの最初の運動です。ママが初めて感じる胎動は、きっとこの動きでしょう。

でも、実は赤ちゃんは、それよりずっと前から動いています。最近では、4D超音波画像で5～6週目ぐらいから、赤ちゃんの動きを確認することができるようになりました。

まずは羊水を胸に吸い込んだり、吐き出したりしています。そのうえ、あくびをしたりしゃっくりをしたり。これらの動きを「呼吸様運動」といい、ママの羊水から生まれ出たら、すぐに自分で呼吸をするための準備運動をしているのです。

食べたり、排泄したりの準備も怠りません。なんと羊水を飲み込み、おしっこまでしていますよ。

全身を動かすようにもなっています。首を伸ばしたり、横を向いたり、よつばいをするかのように手足を動かしたり、歩くような動作も見られます。

20

へんなの!?

胎児ちゃん動いた！
え!?

もう驚愕運動するんだって

こんなー！

こう？
何やってんだろ？

① 驚愕運動

② しゃっくり

③ 首を後ろに曲げる

④ 首を回す

⑥ 呼吸するように胸を
ふくらませる

⑤ 手で顔を触る

⑦ 首を前に曲げる

⑧ あくびをする

⑨ 飲み込む

⑩ 排泄

21

愛飲家

もう羊水を飲んだり
おしっこしたり
してるんだって
羊水

えー！
汚くない？

大丈夫！

あなたも昔
飲んでたの♥

コミュニケーションツールを準備中

生まれたばかりの小さな赤ちゃん。その寝顔が、ふと微笑むことがあります。目にした人を優しい気持ちにしてくれるこの微笑みは「天使の微笑み」といわれています。

赤ちゃんは、誰かに笑いかけているわけでもなく、楽しい夢を見ているわけでもありません。実は、ママのおなかの中にいるときにも、こうした微笑みを浮かべることがあったのです。「天使の微笑み」は別名「生理的微笑」ともいい、その名のとおり生理的なものです。

意識して表情をつくるためには、大脳皮質からの命令が必要です。その命令を受けて表情が変わるには、さらに大脳辺縁系からの指令が必要です。でも、この時期は、脳はそこまで育っていません。つまり感情を伴わない「動き」として微笑んでいるのです。

でも「天使の微笑み」を見た人は思わず「かわいい」と感じ、「楽しい夢を見てますかー」などと声をかけたくなります。それは、赤ちゃんのコミュニケーションの育ちに、とても大切なことなのです。「微笑むと、まわりの人がよろこんで声をかけてくれる」という体験の繰り返しが、やがて意識して人に笑いかけることへとつながっていきます。

もって生まれた下ゴコロ

笑ってないとわかってもかわいい〜！

これぞ下ゴコロ一切なしの微笑みだ！

いや、原始的下ゴコロかも！

Dr.小西行郎

おなかの赤ちゃんは、他にもしかめっ面をしたり、泣き顔をしたり、困ったり、悩んだような顔もしています。感情を伴わないけれど、動きとして各種取りそろえている、といったところでしょうか。

顔だけではなく、手も使っています。指さしをするときのように人さし指を立てたり、人さし指と中指でVサインを出したり。手を頭に乗せて、なにやら思案中といった雰囲気のものから、親指と人さし指で丸を作り、まるで「マネー」と言っているような動きもあります。

誕生後のコミュニケーションツールを準備中ということですね。

サインはマネー

プログラミングされている育ちの仕組み

　ママであろうとも、手出しができないおなかの赤ちゃん…どんどん成長しています。

　赤ちゃんの脳の発生は4週ごろ、ちょうど心臓が動き始めるころに、脳の基になる神経板ができ始めます。24週ごろには大脳が前頭葉、頭頂葉、側頭葉、後頭葉などに分かれ、脳の構造のおおよそができあがります。

　脳は神経細胞のかたまりです。神経細胞はヒトデのような形をしていて、何本もの突起があります。神経細胞同士が突起と突起をつなぐことで、感覚器官が受け取った刺激＝情報を、伝達していくの

です。

　この突起はシナプスと呼ばれ、情報の送り手から受け手へ、神経伝達物質といわれるものが仲立ちをして、伝えていきます。こうした脳の仕組みの発生と成長が、赤ちゃんの活動を実現させます。

　いつごろ、なにができるようになるのかも、赤ちゃんにはプログラミングされています。

　それを教えてくれるのは、予定よりも早く生まれた赤ちゃんです。20〜30週に生まれた赤ちゃんは泣きません。34〜35週ごろに生まれた赤ちゃんは泣きます。つまり、そのころになると泣ける

言われなくても

4週ごろ、脳では

神経板という脳の基が

24週ごろには大脳の

おおよその構造が
できあがります

ママに言われたわけ
じゃなく

もう自分でどんどん
進んじゃってるの！

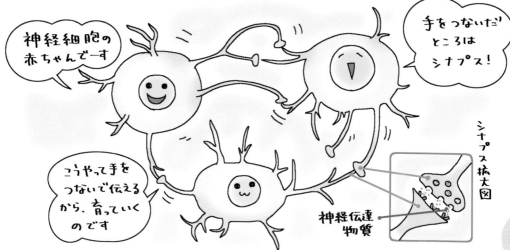

ようになるということなんですね。

ミルクを飲むようになるのも、36週を過ぎてからと、決まっています。それ以前に生まれた赤ちゃんは、保育器の中で管を通して栄養補給をします。その赤ちゃんも36週ごろになると、ちゃんと

ミルクを飲めるようになるのです。

つまり、教えられなくても、時期がきたら生きていくためのノウハウを発揮できるよう、赤ちゃんはちゃんとプログラミングされているのです。

早く生まれた子

ママの栄養 ── ビタミン D に注意！

妊娠すると不快感やつわりで、なかなか食事をとれない方もいるようです。へその緒でつながっている赤ちゃんのことを思うと、気が気ではないでしょう。

ママの規則的な栄養摂取はたしかに大切なこと。いろいろ工夫をしていただきたいものです。

最近、気になるのはダイエット志向。ママたちの栄養が日頃から足りていない傾向があり、低体重児の出産も増えています。妊娠中のママの体重増加が少なすぎると、赤ちゃんに生活習慣病の素因が形成され、出生後の環境によっては発症しやすくなるといわれています。

もう一つ気になるのは美白志向。日焼けはシミ、シワの原因だし、皮膚ガンになるかもしれないからと、日差しを避けている方が多いようです。

環境省は2010年から「子どもの健康と環境に関する全国調査」（エコチル調査）を始めました。胎児から13歳までを対象に、健康状態を定期的にチェックし、環境が子どもたちの成長・発達にどのような影響を与えているのかを、明らかにしていく調査です。

その調査から、最近、ビタミンD不足を起こしている胎児が増えていることが明らかになっています。

"つわり" なもんで…

ビタミンD不足で起こる代表的な病気は、骨が正常に育たない「くる病」です。第二次世界大戦後の日本では、栄養不足からこの患者が増えました。その後、栄養状態の改善で昭和40年代には、ほぼなくなっています。

ところが今この時代に、赤ちゃんのくる病が増え始めているのです。

依藤亨先生（大阪市立総合医療センター小児代謝・内分泌科）が約1100人の新生児を検診した結果、約2割の新生児にくる病の兆候である「頭蓋ろう」（頭蓋骨全体が軟化する）がみられたということです。

また、ビタミンDには、脳内の炎症を防ぐ役割があることもわかってきました。母体が感染症や睡眠障害などのストレスにさらされると、サイトカインという炎症物質が上昇します。サイトカインは胎盤を通して胎児の脳に炎症を起こすことが明らかになっています。それを防ぐ一つの物質がビタミンDであることも、動物実験で証明されています。

ともかく過度な「痩せ願望」や「美白願望」は危険です。

前
大泉門
小泉門

大泉門は1歳半ごろ
小泉門は1〜2ヵ月で
閉じますが、ビタミンD不足
だとなかなか閉じないで、
頭全体が柔らかくなったり
します

ママの睡眠

　健康を維持するために睡眠が大切だと知っていても、十分な睡眠はなかなかとりにくいのではないでしょうか。

　出産間近になると、おなかの赤ちゃんも寝たり起きたりしています。ママの睡眠リズムが、赤ちゃんの睡眠リズムの成長に影響していることは十分に予想されます。

　兵庫県立リハビリテーション中央病院と鹿児島県立子ども療育センターで行われた調査では、24時以降まで起きていたり、就寝時間が一定していなかったママから生まれた赤ちゃんの多くに、新生児期から睡眠に問題を抱える例が多く見

られました。まったく寝ない、抱き続けなければすぐに泣きぐずる。また逆に起こさなければいつまでも寝ている、といった状態です。

　睡眠に問題をもつ新生児は、調査をしたこの地域に限らず、明らかに増えています。赤ちゃんの睡眠のことで悩み、不安を抱えているママが多いのです。

　最近、増えているといわれる発達障害についても、睡眠の問題は見過ごせません。睡眠に問題をもつ新生児は発達障害になる、というわけではありませんが、発達障害の子どもに睡眠障害が多いのは事実です。

つまり…うるさい！

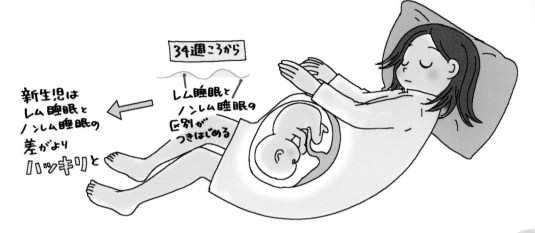

新生児は
レム睡眠と
ノンレム睡眠の
差がより
ハッキリと

34週ころから

レム睡眠と
ノンレム睡眠の
区別が
つきはじめる

　働き方改革が叫ばれていますが、仕事をしながら子育てをする家庭の睡眠環境は、深刻な状況です。仕事から遅くに帰れば就寝が遅くなるのは当然のこと。もはや睡眠障害という問題について、社会全体が認識を改めるときではないかと思います。

　妊娠初期の体調不良やおなかが大きくなってからの苦しさで、眠りづらいということもあるでしょう。テレビやスマホ、ゲームなどで、ついつい遅くなることもあるかもしれません。

　子どもの健やかな成長のためにも、どうか工夫をして、早めに規則的に就寝するようにしてください。

どっちもどっち

パパが遅いとごはんつくるから夜遅くなっちゃうよ

わかった、自分でつくるから寝てて

ガチャ～ン

やっちゃったー

睡眠不足より心臓に悪いわ

胎教なんかいらない！

つわりも落ち着き、おなかの赤ちゃんがピクッと動いたりすると、「そうだ、赤ちゃんのために胎教を…」と考えるママも多いようです。

たしかに、ネットを見ると「おなかの赤ちゃんに話しかけよう」「おなかに触れながら歌を聞かせよう」「パパも参加した方がいい」などのノウハウや、「ベートーベンよりモーツァルトを聞かせよう」「絵本の読み聞かせがいい」、それにはこんなグッズが…などなど、いろいろな情報がありますね。しかし、それらに科学的な根拠はありません。

赤ちゃんのためではなく、そうするこ

とでママの気持ちが和むのなら、悪くはないでしょう。

胎教などといわなくても、赤ちゃんと早く会いたいなぁという気持ちから、おなかの赤ちゃんについ声をかけたくなるのではないでしょうか。それは、とても自然なこと。「待ってるよー」と声をかけるママやパパの姿は、とても微笑ましいものです。

でも、それを「赤ちゃんのための教育」などと考えない方がいいでしょう。人のために何かをすると、しかも多額のお金を支払ったりすると、人は悲しいかな、見返りを期待してしまうものです。

教育の成果は？

　この時期、赤ちゃんのためにママができることは、きわめて当たり前だけど、あまり守られていないこと。栄養、睡眠、運動などに気を配って、ママの健康を整えることなのです。

胎教より体調

ピアノ習ってたでしょ！モーツァルト弾いてよ

あ、何だか急に眠気が

それに何か食べたい

のね？ベビちゃん…

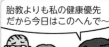

胎教よりも私の健康優先だから今日はこのへんで〜

陣痛のスイッチは赤ちゃんが押す

いよいよ予定日が近づいてきます。特に初産のママにとっては、「出産の痛みに耐えられるかな、赤ちゃんは大丈夫かしら…」と、赤ちゃんに会えるよろこびと同時に、不安も大きいことでしょう。

陣痛は、オキシトシンというホルモンによって始まります。このホルモン、なんと赤ちゃんが出しています。赤ちゃんの準備が整うと、オキシトシンを分泌して、出産が始まります。ときにあんまりノンビリした赤ちゃんがいると、オキシトシンを注射することもあります。

ママの産道を通ってくるのですから、赤ちゃんにとっても大仕事。正常の分娩だと頭から生まれてきます。さぞ、頭が痛むのではないかと気になりますね。

赤ちゃんの痛覚が出てくるのは、ちょうど味覚や嗅覚が出現する30週ごろです。ところが頭頂部と側頭部の痛覚は極めて弱くできています。しかも、5枚に分かれた頭蓋骨（前頭骨、頭頂骨、左右側頭骨、後頭骨）の継ぎ目を重ね合わせるようにして縮め、小さくして出てきます。これぞ神の采配。

そして羊水の世界から空気の世界へと生まれ出る、その一瞬！ 赤ちゃんの体は神業をやってのけます。

狭い産道を通るときに、肺に入ってい

機は熟した！

そろそろ出ようかな〜
狭い…！

オ〜キ〜
シ〜ト〜

シ〜〜
分泌！

あいたたた…
陣痛が…!?

る羊水を排出。外に出た瞬間に肺に空気が入り、肺呼吸を開始。ママの血液から酸素をもらうために、心臓に開いていた「卵円孔」という穴が塞がれ、肺呼吸で得た酸素が肺動脈へと運ばれます。

　これで赤ちゃんは自分で肺呼吸をし、酸素を血液へと送ることができるようになるのです。

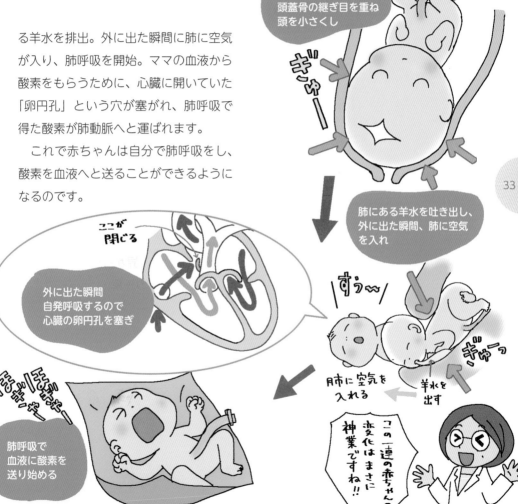

産道を通るとき頭蓋骨の継ぎ目を重ね頭を小さくし

ギャー

肺にある羊水を吐き出し、外に出た瞬間、肺に空気を入れ

ここが閉じる

外に出た瞬間自発呼吸するので心臓の卵円孔を塞ぎ

すぅ〜

ぎゅーっ

肺に空気を入れる

羊水を出す

ほぎゃーほぎゃー

肺呼吸で血液に酸素を送り始める

この一連の赤ちゃんの変化はまさに神業ですね!!

Part 1

赤ちゃん 誕生

あんよ

ちっちゃなお鼻で息をして…

ちっちゃなお口でアクビする

おっぱい飲んで たくさんネンネして 大きくなろうね

どんなものがお気に入り？ どんなふうに動きたい？

やりたいことがたくさん そして もうすぐ あんよ だね…

重力の世界へようこそ

羊水の中で過ごしていた赤ちゃんは、空気の世界で呼吸を始めたばかり。おなかの中では感じなかった、重力を感じているはずです。私たちが海やプールから出た後に感じる、あの体の重さですね。

生まれたばかりの赤ちゃんは、大人の手助けなしに生きていくことはできません。でも、生きていくための反射運動をいろいろと備えています。

たとえば、生まれてすぐの赤ちゃんの頬のあたりを指で触れると、指の方へ顔を向けます。これは「口唇探索反射」といい、乳首を探す反射運動です。

口もとに乳首が触れると、教えなくても吸いつき、乳を飲み始めます。これは「吸啜反射」。「おなかがすいた」「おっぱいを飲みたい」という気持ちからではなく、生命を維持するために、反射の力で飲んでいるのです。

こうした活動は大脳が育っていくのにともない、反射から意識をもった活動へと変化していきます。

おなかの中でしていた指しゃぶりなども、誕生後はいったん見られなくなります。しばらくすると、また指しゃぶりを始めますが、このとき赤ちゃんは、意識的に指しゃぶりをしているのです。

生後1〜4ヵ月ごろまでは、おなかの

くっつき反射

見て！ 生まれたばかりなのに

おっぱいを探したり吸いついたり

反射運動ってすごいね！

ママに一目惚れしたのも反射的だったなぁ

今までは

フワフワ
〜

生まれたら **G**

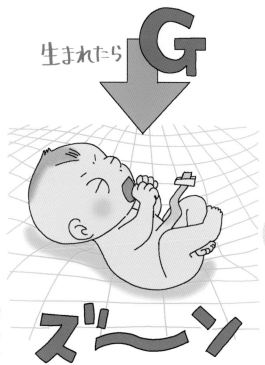

ズ〜ン

中で無意識にやっていた動きが、意識的な動きへ移行してゆく時期です。胎児の動きから、赤ちゃんの動きへと変換している時期ともいえます。

飲みたい気持ち…

口唇探索反射

おっぱい

吸啜反射などの

ちゅう
ちゅう

原始反射から〜

ふえ〜ん

はいはい

おなかすいたんだよっ！

意識的行動に移行中〜

脳はぐんぐん育っています

　赤ちゃんの脳は、どんなふうに育っていくのか、お伝えしましょう。

　生まれたときの脳の重さは、約350〜400gです。8ヵ月にはその2倍に。5歳になると、ほぼ大人と同じ1200〜1500gになります。すごいスピードで成長しているのがわかりますね。

　脳の重さの正体は、「神経細胞」と「グリア細胞」です。神経細胞は、24ページでも触れましたが、細胞同士、シナプスを介して情報を伝達する役割を果たしています。「あれを取りたい」と思うと、それが情報として伝達され、腕を動かす神経へとつながることで、物を手にする

ことができるのです。つまり、神経細胞同士がシナプスを通じて手をつなぐことで、無数のネットワークが構築されます。「グリア細胞」は、そうした神経細胞のネットワークを支える役割をしています。つまり、回線が混乱しないように、神経細胞を支えているのです。

　生まれてすぐの赤ちゃんの脳では、こうした「神経細胞」と「グリア細胞」がどんどん増え続け、ネットワーク化が進んでいます。だから、どんどん重くなっていくのです。

　同時に「シナプスの刈り込み」という作業も行われています。「刈り込み」で

脳ってどんな⁉

新生児の脳の重さは
約グレープフルーツ
1個分

ズッシリ
それが8ヵ月で2倍に

5歳でパイナップル
1個分に！
ドーン

酸っぱさが印象的！
重さです、重さ！

すから、増えるばかりではなく、減らしてもいるのです。

なにか新しいことにトライするときに、最初はうまくいきませんが、繰り返しているうちにだんだん上手にできるようになりますね。それは、余分なネットワークを削除して、動きのスキルをあげているからです。

シナプスをどんどん作って、一方で不要なシナプスを刈り込み、情報を伝わりやすくしながら、脳は育ちます。

たどたどしい動きで、同じ動作を繰り返していたら「ただいま刈り込み中」かも。大切に見守りましょう。

ただいま接続中

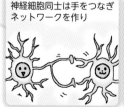

神経細胞同士は手をつなぎネットワークを作り

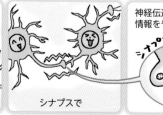

シナプスで

神経伝達物質を使って情報をやりとりして

なにかを感じたりできたりしていくのです

4ヵ月には「意識」の芽生えが

ママのおなかの中にいたときから、いろいろな動きをしていた赤ちゃん。でも、どんな気持ちで動いているのかまでは、わかりません。生まれる前の脳の成育過程から考えて、意識して体を動かしているとは考えにくいですね。

3ヵ月ごろ、赤ちゃんの顔から30cmほど離したところで、ガラガラなどのおもちゃを左右に動かすと、赤ちゃんは目で追います。生まれたときには、ほとんど見えていなかったのが、少し見えるようになってきたからです。

「あれ、なにかな？」と気づき、「また、見たいな」という気持ちで物を見たり、動きを目で追ったりする、「意識」が生まれてきます。

仰向けに寝ている赤ちゃんが、顔の前で自分の手をひらひらと動かしたり、手と手をからめたり、なめたりしていることがあります。おなかの中でも手を動かしていましたが、赤ちゃんはそれを見ることはできませんでした。

生まれてから4ヵ月ごろ、すでに自分の意思で物を動かそうとしていることを、証明した実験があります。この実験から、赤ちゃんは自分が手を動かすとモビールが動くということを見て理解していることがわかります。

追視

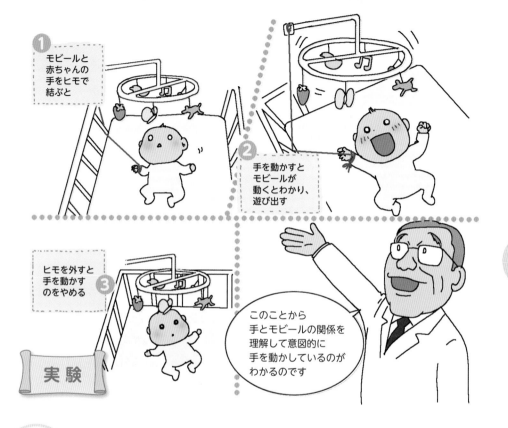

① モビールと赤ちゃんの手をヒモで結ぶと

② 手を動かすとモビールが動くとわかり、遊び出す

③ ヒモを外すと手を動かすのをやめる

このことから手とモビールの関係を理解して意図的に手を動かしているのがわかるのです

実験

意識してます

おかなの中でしていた指しゃぶり

無意識

生まれてからは、やりませんでした

しかし4ヵ月ごろになると

これはステキ！
チュッ
チュッ

意識して再開します

いくつもの感覚器官を同時に使う

42

　家族や友人と食事をしているときに「おいしい」と感じるのは、舌がとらえた味覚や触覚からだけではありません。器に盛られた美しさを視覚で感じ、食欲をそそられる嗅覚、楽しい会話を聞き取る聴覚など、複数の感覚器官を使って得られた情報を脳で統合することで、おいしい、楽しいと判断しています。

　生まれたばかりの赤ちゃんでも、おなかの中にいたときから育ってきた感覚器官を使って、得られた情報を統合しながら判断し、反応しています。

　4〜5ヵ月の赤ちゃんと、こんな遊びをしてみました。まず、ママが赤ちゃん

に顔を見せ、話しかけるように口をパクパクさせます。そのとき、ママのうしろに隠れたパパが声をかけます。赤ちゃんには、話しかけるママを見ながらパパの声が聞こえてくる、という仕掛け。赤ちゃんは、「なぜ？」と、戸惑いの表情。ママの声が変だと感じているのでしょう。

　ところが逆に、パパが口をパクパクさせるところを見せて、ママが隠れて声をかけると、赤ちゃんはママがどこにいるのか探すようすを見せます。パパにとっては残念ですが、パパよりママの方が気になるようです。

　この遊びから、赤ちゃんが視覚と聴覚、

ママが気になる

4〜5ヵ月の赤ちゃんは

よーちゃん

ママが見えてパパの声だと

ビミョ〜な困惑顔に…

逆にパパが見えてママの声がすると

よーちゃん

ママー！　どこ？

複数の感覚を
統合して整理する
力が育っていきます

経験　個性

視覚

嗅覚

聴覚

味覚

触覚

それにママやパパの匂いも感じているので、嗅覚からの情報も加えて判断、反応していることがわかります。

　複数の感覚からの情報を整理したりまとめたりする脳の機能は、成長とともに、たくさんの体験を積み重ねながら育っていきます。そしてその育ち方は、一人ひとり個性的。たとえば、同じ部屋にいても寒いと感じる人と、ちょうどいいと感じる人がいるように、感覚器官の感じ方はそれぞれ違うのです。

　自分のことを理解したり、他人のことを理解したり、道具を使いこなしたり、人とコミュニケーションをとったりする活動は、多くの感覚器官を同時に使いますね。そして、得た情報を統合させる活動です。たくさんの経験を重ねながら育っていくものなのです。

そうだったのか！

パパが見えているのにママを探すのは

声だ！　と思ってしまうのは私たちの感覚で

よーちゃん！

？

案外…

ママの匂いがするのに

とか…

パパはいたずらする

疑惑？

など予想外の判断かも

ヒトだけがする仰向け寝

仰向けに寝かせた赤ちゃんは、スヤスヤと気持ちよさそうです。これはヒトの赤ちゃん特有の寝姿勢です。

ヒトに近いチンパンジーでも、仰向けにするとすぐにうつ伏せになります。自然界に生きる動物にとって、おなかを上に向けた姿勢は、危険きわまりないものなのですね。

仰向け寝なら目と目を合わせやすく、コミュニケーションの基本となる「アイコンタクト」がとれます。お世話をしてくれるママと目を合わせながら、赤ちゃんが「クークー」と声を発し、それを聞いたママが「はいはい、なんですか？」と応答するやりとりは、コミュニケーションの始まりです。

また、仰向けに寝た赤ちゃんを見ていると、両手両足をモゾモゾと動かしていますね。この動きは「ジェネラルムーブメント」と呼ばれるものです。この動きの変化から、脳の中枢神経系の育ちを知ることができます。生まれたばかりでは、シナプスのネットワークが未完成で、動かし方は不規則です。成長とともにネットワークの刈り込みが進み、整理され、動きがスムーズになってくるのです。

よく「ヒトは二足歩行を獲得できたから、手が自由に使えるようになった」と

ちっち・コンタクト

仰向け寝は人間特有の素晴らしい寝方です

こうしてアイコンタクトをとったり

よしょ〜し

コミュニケーションがとれるもんね〜？

こっちのコンタクトだったー！

わわわ〜

オムツ オムツ

いわれます。私たちは「仰向け寝の姿勢を獲得したからこそ、手が自由に使えるようになった」と考えます。なぜなら、仰向け寝だからこそ、手足をそれぞれ独立させて動かすことができるからです。

京都大学霊長類研究所でチンパンジーの赤ちゃんを見たとき、右足を動かすと左手が、左足を動かすと右手が動き、まるで足によって手が動かされているように感じました。

人間の赤ちゃんのジェネラルムーブメントでは、手足をそれぞれ独立して動かしていることが、よくわかります。

人間だもの

手足それぞれ独立して動かしてるでしょ？

おさるの赤ちゃんは足と手の動きが独立してないとか

それじゃ貧乏ゆすりするとすぐバレちゃうな

手足が独立していて得したなあ！

親子の絆はいつできる？

「親子なんだもの、特別な絆でつながれている」と思う方が多いかもしれません。たしかに、ママのおなかの中にいたときから、へその緒でつながれた赤ちゃんは、ママを頼りに生きてきました。生まれてからも、ママには、パパよりも特別な関心をもっています。

ローレンツが発見した「刷り込み現象」は、ヒトにもあるのでしょうか。孵化したばかりの鳥が、最初に見た動く物体（たとえば人間）を親だと思い、ついて歩くという現象です。

一時、産婦人科医などが、親子の絆をつくるために、生まれたばかりの赤ちゃんが目覚めているときに、ママの顔を見せることが重要だと提言していましたが、今では否定されています。

ローレンツの「刷り込み現象」はヒトの場合、それほど強い影響をもつとは、考えにくいと思います。

人間の赤ちゃんは、哺乳動物のなかでも、特にお世話が必要です。そのために赤ちゃん独特の柔らかくて丸みのある顔や体をもち、かわいらしさをアピールして大人を引きつけ、育ててもらうのだという説もあります。

結論から言うと、絆は「産んだから」とか「最初に見たから」というようなこ

なぜか子だくさん

もし最初に見た人を親だと思うなら

産科の先生を親だと思っている子だらけに

産科の診療室が

刷り込みの絆でおおわらわに！

とでできるものではありません。日々、一緒に暮らしながら、やりとりを繰り返すなかで育まれるものです。そして、人間の赤ちゃんは、ママやパパだけではなく、いろいろな人と出会い、関係を広げていくことで、社会の中で生きていく力を育てていきます。

福井医科大学で仕事をしていたころ、私たちが出会った多くのおばあさんたちは、みな子育て担当でした。そのときの、落ち着きのある、ゆったりとした育児を思い出します。若いお母さんたちが得てしてもちやすい不安や焦りはなく、育児を楽しんでいるように見受けられまし

た。核家族化の社会では、なかなか望めない環境ですね。

いずれにしても、親子の絆は必ずしも育児期間の早い時期にできあがるものではなく、時間をかけて築かれるもの。そして、子育てはけっして一人の大人だけでまかなえるものではありません。赤ちゃんは、多くの大人と絆をつくっていく必要があるのです。

47

いろんな人に会えると幸せに

持って生まれた性格が少々個性的でも

みんなで関わっていくことで中和されて

柔軟で余裕のある育ちができるとしたら

それは赤ちゃんにとって幸せな環境ですよね〜

関係を深める「エントレイメント」

　私たちにはもともと、人と共鳴しあう力があります。並んで歩いていると、知らぬ間に歩調が同じになっていたり、向かい合って話しているとき、相手の動作につられて首を振っていたり…。きっと経験があるでしょう。

　こうした現象を「エントレイメント＝引き込み現象」といいます。ごく自然に無意識に起こる現象ですが、人とコミュニケーションしているときに、お互いを共感でつなぐ重要な作用です。特に、赤ちゃんと心を通わせるために、自然と活用しているはずです。

　たとえば、泣き始めた赤ちゃんに添い寝をして、体をやさしくトントンとたたいていると、やがて赤ちゃんの泣き声が体をたたくリズムに同期し、静かになり眠ってしまうことがあります。このときには、ママと赤ちゃんの心拍のリズムも同期しています。

　赤ちゃんが母乳やミルクを飲むリズムをママが感じて、ゆったりした気持ちになれれば、お互いに同期して、ゆったりした雰囲気で授乳できます。

　生まれて間もない赤ちゃんを抱っこしているとき、赤ちゃんはママの胸を手の甲でそっとさすっていることがあります。発達行動学の研究で発見されたしぐ

ナイスタッチ

ママと赤ちゃんをつなぐ

んくんく

エントレイメント

ふんわりタッチ

そんなふうにママのハートをつかむとは！　すごい

ガーン

真似しよう

並んで歩いていると
歩調が合ってしまう

同期現象

ママのトントンと
赤ちゃんの
心拍が重なりあう

さで、とても繊細な動きです。このころ
の赤ちゃんには「把握反射」と呼ばれる、
手のひらに物が触れるとすぐに握ってし
まう反射があるため、手の甲でさすって
いるのです。

このしぐさは、どうやらママを確かめ
ているらしいのです。もし、気づいたら
「はい、ママですよ」ときっと応えたく
なるでしょう。

お互いの共感が深まり、とても幸せな
時間ですね。

選んでます

手のひらだと握っちゃう
から

把握反射

手の甲で触れるって
すごい知恵だよ！

天才的！

触った先がパパの
ヒゲならどうかな？

知りたくない

おっぱいの飲み方は変化していく

生まれたばかりでも、命をつなぐために持って生まれた「吸啜反射」(P36)のおかげで、おっぱいを飲むことができます。

このころの赤ちゃんの飲み方は、息を止めて、一定の強さでひたすら吸い込みます。飲み終わったと思っても、再び乳首を口に入れると、反射でまた飲み始めます。そのために「おっぱいが足りていなかったのね」と考えるママも少なくないようです。

ほとんどの赤ちゃんは、飲み始めてから20分くらいで、必要量の90%近くを飲んでいるので、このころは時間を目安

に授乳をするといいでしょう。

生後2ヵ月ごろになると、1回ごとに飲むリズム、力強さ、時間に変化が見られ、いわゆる「ムラ飲み」が始まります。息を止めて飲んでいた赤ちゃんが、息をしながら飲むようになり、「無意識」から「意識」した飲み方になるのです。

「今までと飲み方が違う。量が足りないのではないか」と心配になり、授乳回数を増やす方も多いようです。

でも、それはおすすめできません。

現在は、自律調節哺乳（赤ちゃんが欲しがるときに欲しいだけ授乳する）が基本です。ここで大切なことは、きちんと

だったかも？

口の横をつつくと

指を探して吸うの

原始人反射かぁ！大昔からあるんだね

パパの勘違いってマンモスひど〜い

すごいね〜

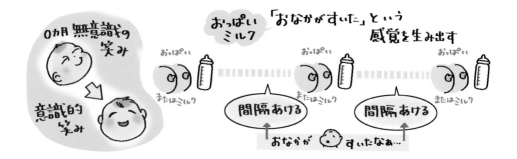

間隔をあけること。赤ちゃんが泣いたからといって、すぐに授乳をするのは適当ではありません。

いつも胃が満たされていては、「おなかがすいた」という感覚が生まれません。それに、飲みすぎは肥満につながります。

泣いたときには、オムツを見てみるだけ、抱っこしてみるだけにするなど、いろいろな対応を心がけましょう。

生後3〜4ヵ月になると、赤ちゃんは息をしながら飲むのが普通になり、飲み方も力強くなってきます。そして、「飲みたい」「飲みたくない」を、自分で決めるようになります。反射で飲んでいた赤ちゃんが、ほんの数ヵ月で、「おっぱいが欲しい」と意識して飲むようになるのです。「空腹感」はこうした意識の育ちにも大切な役割を担っています。

消えては困る原始反射

「飲む」から「食べる」へ

　4ヵ月を過ぎると、赤ちゃんの表情はとても豊かになってきます。気持ちを込めて笑いかけたり、訴えるように泣いたり。クーイングといわれる「アーアー」「クークー」という発声も、よく聞かれるようになります。

　また、昼には短く、夜には長く眠るという、昼夜のメリハリもついてきます。

　ママやパパが赤ちゃんを抱っこして食事をしていると、見上げている赤ちゃんの視線に気づくことがありますね。口の中に食物が入っていき、もぐもぐと口を動かして、ゴックンと飲む動作が、赤ちゃんの関心ごとなのかもしれません。

　赤ちゃんは、生まれながらに母乳を飲む力をもち、そしてある時期がきたら「おっぱいが欲しい」という気持ちが生まれ、そして自分で「食べる」という時期を迎えます。

　5〜7ヵ月になると「よだれ」が増えてきます。最初はよだれを飲み込むことができないため、だらだらたらしたり、ぶくぶくと泡のように吹いたりします。そうなったら、離乳食開始のサインです。

　何ヵ月になったから離乳食にしなければ…と考える方も多いのですが、ママやパパの目で、赤ちゃんのようすを見て、その変化をとらえながら、進めていきま

なにかお口の中にわいてくる

あっくん
おはよう
かわいいね

あーっくー

もぐ
もぐ
じゅ〜

もにゅ…
なにしてるのかなぁ

しょう。赤ちゃんにプログラミングされている離乳の時期は、一人ひとり違い、個性的なものです。

　離乳食は、成長とともに母乳やミルクでは足りない鉄分、ミネラル、タンパク質、エネルギーなどをとるために、避けては通れない大切なものです。

　また食べるという動作は、なめたりかんだり、ゴックンとのどを動かしたりします。舌や口の中をいろいろに動かすことが、やがて始まるおしゃべりとも大きく関係しています。

　離乳食のサインが見られたら、少しずつ進めてみましょう。

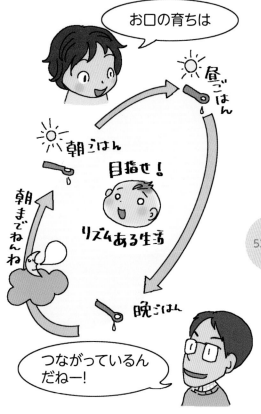

53

たら〜ん ごっくん もぐもぐ

まずはよだれが出てきて

やがて ごっくん ができ

離乳食が始められるようになり

お話もできるお口になっていきます

離乳食への不安にはママの演技が効果的

ママやパパと同じように「食べる」という体験を始める赤ちゃん、興味津々だったり、うれしかったり。でも、柔らかい乳首から硬いスプーンへの変化には、ちょっと驚くかもしれません。

赤ちゃんが安心できるように、声をかけながら、焦らずに、少しずつ進めてみましょう。

「ほらほら、おいしいよ」などと、少し大げさなジェスチャーをしながら進めると、赤ちゃんは楽しくて、勇気が出て、その気になれます。

味も初めての体験。神妙な表情で味わうようすだったら「どうかな、おいしい？」などと、話しかけましょう。おしゃべりをしない赤ちゃんでも、気持ちはちゃんと伝わっています。

細菌感染などの問題から、ママと赤ちゃんが同じ食器やスプーンで食べることはおすすめできませんが、別に取り分けて、同じものを食べて「おいしい！」と伝えてあげることは、赤ちゃんの安心感につながります。

最近、赤ちゃんと一緒に食事をするママやパパは減っているようです。「おいしいね。次はなににする？」などと話しかけながら食卓を囲むことは、コミュニケーションの場になり、なによりも赤

期待させ上手

ちゃんの心を育みます。

「時間的に無理」とおっしゃるかもしれませんが、なんとか工夫をこらし、一日に一回でも、二日に一回でも、週に一回でも、そうした機会をつくっていただきたいと思います。

また、オゾン層の破壊で紫外線量が増加。その悪影響を心配して母子健康手帳から「日光浴」という言葉が消えました。それから20年以上が過ぎた今、ビタミンDの欠乏による健康不良が、極めて重要な問題になっています。妊婦時代に紫外線を避ける傾向がある人は、乳児期の赤ちゃんにも日光浴をさせないという報告もあります。

夏なら10〜20分、冬には1時間程度、日光浴（今では外気浴といいますが）をして、ビタミンDを多く含んだサケやキノコを、たくさん食べていただきたいと思います。

先が思いやられます

睡眠のリズムは育ちの礎

生まれる直前になると、おなかの赤ちゃんには深い眠り（ノンレム睡眠）と浅い眠り（レム睡眠）の区別がつき始めます。生まれてからは、眠っている時間の約半分が浅い眠りのレム睡眠。だから、短い間隔で寝たり起きたりを繰り返します。そのため、ママは睡眠不足になり、つらい時期を過ごすことになります。

３ヵ月を過ぎると、ようやくレム睡眠とノンレム睡眠が規則的に繰り返されるようになり、４ヵ月ごろには昼夜の区別ができ始めます。

７〜８ヵ月になると、多くの赤ちゃんは大人と同じ睡眠リズムになり、夜はぐっすりと眠れるようになります。この、ぐっすり眠るノンレム睡眠中に、実は、成長ホルモンが多く分泌されています。

このように、赤ちゃんは生後１年たらずの間に、一生続く睡眠のリズムを組み立てているのです。赤ちゃんの眠りは、ぜひ守ってあげたいですね。

1990年代から増えているといわれる、発達障害や自閉症について考えるとき、その思いをより強くしています。増えている原因には、過剰診断や誤診などがあげられていますが、そればかりではありません。子どもの睡眠時間が大きく変化しています。夜型生活が一般化して

寝ぼけただけ

オムツもかえたし
ミルクも飲んだし

どうして泣いてるかわからない！　疲れた

どうした？　かわろうか？

しまった！　一瞬のすきに眠られてしまった

いる大人の生活に引きずられるように、赤ちゃんの入眠時間が遅くなり、しかも不規則になっています。

赤ちゃんは19〜20時ごろにぐずることが多いのですが、このときが赤ちゃんにとって理想的な就寝時間。

日によって1時間以上も就寝時間が違っていたり、週末に遅寝遅起きする大人の生活につきあわせることは、赤ちゃんにとってよいことではありません。

もう一つは夜中の授乳。授乳をすれば、赤ちゃんの胃は消化のために働き始めます。その結果、眠りは浅くなってしまうのです。

健康な発育のために、睡眠のリズムを守ってあげてください。

57

16〜17時間　新生児　昼夜の区別がつかない

14〜18時間　4カ月　概日リズムがほぼ完成

12〜14時間　6〜8カ月

11〜13時間　1歳

10〜11時間　幼児〜児童　夜の睡眠が長くなる

8.5〜10.5時間　成長期

睡眠時間を身体の大きさで表現しました

奥の手

夜泣きが大変なときまず抱っこしてみる

体をタオルでもんでみると眠ることも

いろいろやっても泣きやまないときは？

湯冷ましをあげるのもひとつの手です

授乳で消化するため眠れなくなるときも！

赤ちゃんは、なにかと泣きながら育ちます。生まれてすぐの泣きは理由もわからず、泣いている赤ちゃんにもはっきりしていません。それが、だんだんと自分が不快なことを「なんとかしてほしい」と訴えるために泣くようになります。

4〜5ヵ月になって見られる「コリック」（たそがれ泣き）という、これもまた理由がわからない泣きがあります。泣かれるとつらいですが、しばらくすると泣きやみ、成長とともになくなります。

成長の節目といわれる時期にも、夜泣きが見られることがあります。たとえば、歩く前、おしゃべりをする前など、なに

かができるようになる前に始まり、それができるようになると、夜泣きもなくなるのです。

ところが、そうした夜泣きとは別に、夜にうまく眠れない赤ちゃんが増えています。兵庫県立リハビリテーション中央病院子どものリハビリテーション・睡眠・発達医療センターに来る赤ちゃんを診ていると、それはそれは苦労をされているママが多いのです。

ワンオペ育児の状況で、一晩中ぐずる赤ちゃん。両親ばかりでなく祖父母の手まで借りて、夜中の散歩やドライブ、ようやくベッドに寝かせようとすると、ま

理由がいっぱい

た泣き出す。保健所やクリニックで相談しても「よくあること、しばらくすると寝るようになる」と言われるそうです。

虐待が大きな社会問題になり、その痛ましさに、思わず耳を疑いたくなります。一方で、激しく夜泣きする赤ちゃんを診ていると、「これはたまらないだろうな」と育児放棄したくなる親に、共感すら覚えることも。それは、明らかに赤ちゃんの「睡眠障害」と呼ぶべき状態です。

しばらくようすをみても、つらい状態が改善されなければ、一人で悩まずに専門医に相談してください。睡眠がうまくいかない赤ちゃんに、発達障害や自閉症

を認めることもあります。

また、虐待しているのではないかと疑われるとき、子ども自身が抱えた生育上の問題に、親が追い詰められていないかどうかを確認することも必要です。

受診の結果、睡眠障害と診断されたなら、積極的に治療を開始し、睡眠状態を早期に改善するべきです。

バトンタッチ

なにかできるようになる前とかに夜泣きすることも

できるようになって…

そういえば、

俵形のおむすびができた！それと片手で着がえが！

あとはねー

ママじゃなく

だいぶ疲れているみたいだかわるよ

生まれつき、優しい方が好き

赤ちゃんには、5～6ヵ月ごろになると、好きなものや意外なこと、不思議なことに長時間注目するという特徴があります。その特徴を利用して、どのくらい物事を理解しているのかを知るために、いろいろな実験が行われています。

「1＋1＝3」はおかしいとか、障害物があるところを物が通り抜けるのはおかしい、などの道理に反した現象には「あれっ？」と注目します。

同じような実験で、赤ちゃんは「優しいこと」と「意地悪なこと」には、どのような反応をするかを試した実験を紹介しましょう。

図Ａでは、坂を登ろうとする丸い積み木を、三角の積み木が後ろから押して助けています。図Ｂでは、登ろうとする丸い積み木を、四角い積み木が意地悪をして、上から邪魔をしています。

2つの動画を見た結果、ほとんどの赤ちゃんは、図Ａの方を長く見ました。そして、実験後にも、優しい三角の積み木の方に手を伸ばしたのです。

赤ちゃんは、他人を助ける優しい気持ちをもって生まれてきているということですね。優しさを教えるよりも、子どものもっている優しい心を大切にして、そのまますくすく育ってほしいものです。

60

トントンなのに?!

音が一つしてカーテンを開ける

音が三つしてカーテンを開ける

さて次は…

数が違う!!

おかしい！　と思ったらしく

他よりも長時間注目した子85%!!

図A
坂を登ろうとする丸を
助ける三角

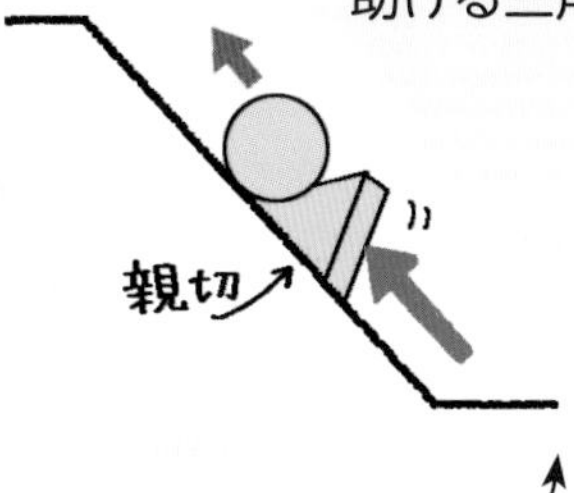

図B
坂を登ろうとする丸を
邪魔する四角

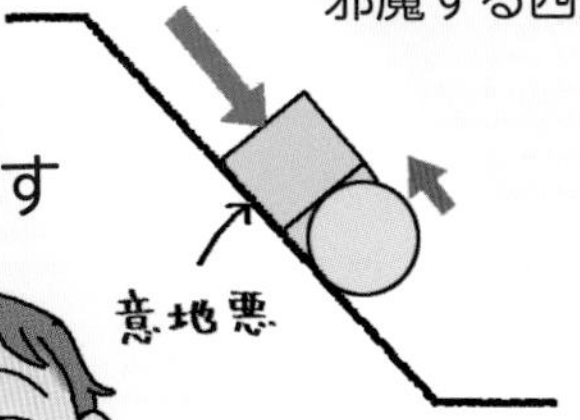

を見せます

親切

意地悪

ほとんどの子がこちら
を長く見ます

そして積み木を差し出すと

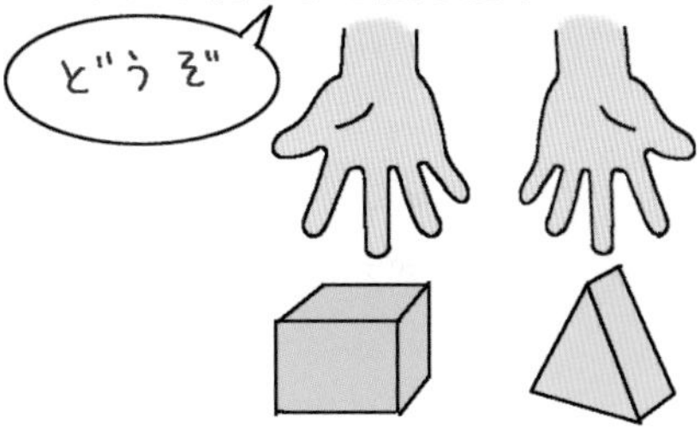

どうぞ

多くの子が
優しい三角を
選びました

そんなわけないよ

机の上で玉を転がします

机の上に箱を置きます

カーテンで箱を隠し
玉を転がします

カーテンの反対側から
玉が転がってきました

コロ

注視!!

コミュニケーションは赤ちゃんから

生まれたばかりの赤ちゃんは、言葉の意味を理解しません。でも、ママの表情、声の調子、言葉のリズムなどからママの気持ちは、ある程度伝わります。

赤ちゃんはよく「クークー」と声を出します。それを「クーイング」といいます。「クーイング」を聞いたお母さんが「ハイハイ」などと、少し高い声で返事をすることを「マザリーズ」といいます。このようにクーイングにマザリーズで応えるのは、お互いの気持ちが通じ合う体験になります。

また、赤ちゃんがお母さんに触れていることに気づき、そっと優しく触れ返し

てあげることなどは、とても大切なスキンシップです。

ところが、気になることがあります。「お母さんは積極的に赤ちゃんに触れたり、声をかけることが重要です。だからベビーマッサージをしましょう」というのは少し違うと思うのです。

意識が芽生え始め、自分の意図的な行動を育てているこの時期に、服を脱がされオイルなどを塗られ、一方的に体中を触られ……たとえそれがママでも、いいこととは思えません。

赤ちゃんは、手をじっと見たり、口に入れて確かめたり、足に触ったり、自分

勝手な編集

のペースで体を確認していきます。赤ちゃんが体を認知していく繊細な時期なのです。

おもちゃなどの物との出合いも同様です。興味をもった物に自分から手を出し、それがどんな物か、まずは口で確かめています。

赤ちゃんはゆっくりと静かに、自分のペースで認識を深めていくのです。大人の思い込みや思いつきで、一方的に働きかけるのは考えものです。

まずは、赤ちゃんからのサインがコミュニケーションの始まりと心得て、赤ちゃんに応えていきましょう。

くーんくーん

くっくねー もうすぐ くっく はくよね

とんだスクープ

マッサージね〜

あっあー

ママのこともマッサージ？

髪の毛つかまないで〜いたた

やめてー

ただいまー

珍しい家族写真のチャーンス！

診察室でなぜ泣くの？

　赤ちゃんが診察を受けるとき、「泣くのは当たり前」というイメージをもっていませんか？　まだ、痛いことなどなにもしていないのに…泣き出しますね。

　同志社大学赤ちゃん学研究センターの研究員渡部基信氏（学研都市病院小児科医師）は、外来診療のときに、赤ちゃんが泣き始めるのはどんな状況かを明らかにしようと、診察室に入ってから泣き出すまでを観察し、記録をとりました。

　その結果、診察室に入ってすぐに泣くよりは、聴診器を体にあてようとするときに、泣き始めることが多いとのこと。

　たしかに、私たちの経験でも、診察室

に入ってすぐに赤ちゃんが泣くということは、それほどありません。診察のためにママが服を脱がせようとすると、泣き始めたり不安げな表情をします。そして、聴診器を持って赤ちゃんに触ろうとすると、泣き始めます。

　でも、診察を始める前にママと打ち解けた雰囲気で会話をした後だと、泣かない赤ちゃんもいます。

　このことから、赤ちゃんはそれなりに状況判断をしているということがわかります。赤ちゃんの予想に反して、突然服を脱がされたり、なにかわからない聴診器で体を触られると、怖いと感じて混乱

なんにも持ってないよ～

聴診器で泣く子が多いみたいですね

じゃあ…どーれ見せて

なにもないよ～
見て！笑ってる

だって面白いもんね

するのでしょう。

　赤ちゃんは、ママやまわりの大人が話しかける言葉の内容を理解していなくても、「安心して大丈夫か」「危険じゃないのか」などの状況判断をしています。

　受診をするときは、ママも不安を感じたり緊張していることが多いものです。できるだけ「大丈夫だよ」と、リラックスして話しかけると、赤ちゃんも安心できるのかもしれませんね。

　不安の感じ方には、個人差がありますから、それでも泣く子はいるでしょう。たとえ泣いても「大丈夫だよ」と、優しい気持ちで受け止めてください。

おいてけぼり

早い、遅いは気にしないで

　母子健康手帳には、赤ちゃんのようすを記録できるように、いろいろな工夫があります。そのなかに、首がすわったのは何歳何ヵ月ごろか、寝返りや一人座りは何歳何ヵ月ごろか、と健康診査前に書き込むページもあります。

　こうした記録は、大きくなってから見返すと、なつかしく、思い出になるようです。

　ところが、まさに今、この時点で子育てをしているママにとっては、「うちの子は遅いのではないか」「あの子より遅い」「はいはいをしない、どうしよう」といった不安の種になることも多いようです。

　手帳に書かれた動きは、主に首すわり、寝返り、一人座り、はいはい、つかまり立ち、歩行などの大きな動きで「粗大運動」と呼ばれています。

　こうした粗大運動は、一つひとつ別々に育っていくものではありません。たとえば、首すわりから始まる粗大運動では、その前に少しずつ背中がまっすぐになってくる時期があります。寝返り前にはうつ伏せに寝かせると、腕に力を入れ、頭を上げるようすが見られます。はいはいの前には腹ばいのまま体の向きを変えたり、後方にはったりします。

　歩いたり、走ったりできるようになる

子心

うちの子発達が遅いんじゃないかしら？

はえば立て立てば歩めの親心と言いましゅ

その先は書ければ百点走れば一位でしゅ

う〜ん

のも同じように、今やっている動きのなかに次の動きの芽生えを見せながら、育っていきます。

　動きの育ちは、ママのおなかの中にいたときから独自に育ち、先天的な能力として備わっているものです。

　生まれてからの、筋力や五感などの成長とからまりながら、それぞれの運動を赤ちゃん自身が実現していくのです。

　ですから、他の子と比べて少しばかり早いとか遅いということに、こだわることはないのです。

成長は流れるようにつながっています

背中がまっすぐになってくる

母子健康手帳のチェック

首がすわる

うつ伏せで首を上げられる

母子健康手帳のチェック

寝返りができる

むかし「神童」いま「ただの人」

パパははいはいしないで歩いたらしいよ

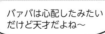

バァバは心配したみたいだけど天才だよね〜

その先は中学校から飛び級で大学でしゅね

う〜ん　その先は特になかった〜

パパ寝言ってるね

見えることと、気持ちの動き

私たちは、なにかが見えることで興味を喚起されます。もちろん花の匂いや、聞こえてくる音楽などに心を動かされることも、おおいにありますが、圧倒的に多いのは視覚からの情報です。

生まれたばかりの赤ちゃんの視力は0.02ぐらいといわれています。ちょうど曇ったメガネをかけたときのように、ぼんやりと見えている程度です。そしてママのおっぱいを飲むとき、気づきにくいかもしれませんが、赤ちゃんの目と頭は一緒に動いています。まだ、目だけを動かすことはできません。

生後2ヵ月ごろになると、目の前にある物を、じっと見続けることがあります。これは「強制固視」という現象。見つめられたママは「ママが大好きなのね」と思うかもしれません。実は、赤ちゃんは、まだ目をそれほど自由に動かすことができないのです。

生後4ヵ月になると、一転して赤ちゃんは意識的に目を動かすようになります。最初にあるおもちゃを見せておいて、その後、別のおもちゃを近くに置くと、赤ちゃんは新しいおもちゃの方に視線を移します。つまり、違うおもちゃに気づき、自分の意思で眼球を動かして見るようになっているのです。

誤解でしゅ！

生まれたばかりのときは
視線＝頭の向き

2ヵ月では
強制固視

ママに
くぎづけ

4ヵ月で視線は自由に

キョロ キョロ

最近冷たくなったんじゃない〜？

プイ

生後6ヵ月ごろには、目の前に置かれた物の大小の違いをわかるようになり、小さな物なら片手で、大きな物だと両手を出して取ろうとします。

見えた物に「あれ、なんだろう？」という好奇心を抱き、知りたいという意欲がわいてくるのです。

視覚の育ちにはけっこう時間がかかり、機能が完成するのは10歳ごろといわれています。

見えないところの
ものはナイ！
(潔くて ステキ♥)

見えないところも
わかるようになる
(なんて賢いの!!)

質より量

はいママから
プレゼント

これはパパ
から

おお！
両手で！

プレゼントはあげ
応えが大切だよな！

空気入れて
大きいのあげたぜー

寝返りで世界が変わる

首がすわり、背骨や背筋がしっかりしてくると、赤ちゃんの動き方が少し変わってきます。機嫌よさそうにしているときに、ママが話しかけながら、そっと体に触れると、赤ちゃんは手足をバタバタさせてはしゃぐことがあります。動かし方もスムーズです。

いつも仰向けに寝ている赤ちゃんをうつ伏せにしてみると、最初は頭を床からなかなか持ち上げられませんが、そのうち手のひらとひじを床につけ、腕に力を入れて上体を起こすようになります。

このころ、赤ちゃんは周囲の物への興味が強くなっています。そばにおもちゃを置いておくと、手を伸ばして触ろうとします。それをきっかけに体を反転させ…それが、初めての寝返りです。

初めての寝返りから2週間ほどすると、左右どちら側からも寝返りができるようになります。

寝返りを始めたばかりのころには、支えにした手を自分で抜くことができずに、泣き出すこともあります。そんなときにはちょっとお手伝い。自分で抜けるようになれば、寝返りの完成となります。

寝返りができるようになると、赤ちゃんの世界は大きく変化します。慣れて、余裕が出れば出るほど、見える世界は今

ライブカメラ

までと大違い。視野が広がり、興味を引くものがいっぱいあることを知ります。

好奇心をかき立てられた赤ちゃんは触りたい、あそこまで行きたいと思うことでしょう。そうした思いからよつばいへと移行し、高いところにある物に触りたい願いからつかまり立ち、歩行へとつながっていきます。

ママも赤ちゃんの目の高さに合わせて、なにが見えているのか確かめてみては? きっと赤ちゃんのうれしい気持ちが、伝わってくることでしょう。

おんなじ気持ち

おすわり動作に見えるよつばいへの準備

寝返りができるようになると、やがて腕の力で移動するずりばいやおなかを軸に回転するピボットが盛んになります。そして腕や肩の力がつき始めると、自分からおすわりをするようになります。

うつ伏せからおすわりに移行するまでの動きをよく見ると、途中でよつばいの姿勢をとります。つまり、自分でおすわりを始めようというときに、すでに次の動きとなるよつばいの要素が見られるのです。

ずりばいで移動しているときに、よつばいの形で盛んに体を前後に揺らしているのに気づいたことがありますか？　こ

れは、よつばいで移動するときに必要なバランスをとる練習をしているのです。バランスがOKとなると、いよいよよつばいで移動を始めます。

赤ちゃんのよつばいのように動く動物はいません。野生で生きる動物にとって、ひざを使ったよつばいでは、どう頑張ってもスピードが出ませんね。

両手の使い方にも特徴があります。まっすぐ前に出すのではなく、クロールで泳ぐときのように、腕を外側へ広げるようにして前に出します。

足はへそのあたりまでひざが入り込みます。いかにも重心が左右にぶれるよう

観察からわかったこと

こ…これは香車の成香の動きに近いな！

いいからオムツかえて

な動きです。ところが、右手を床につく前に重心を左側の方へと移動させ、左手を床につく場合も、右側へ重心を移動させます。この重心のかけ方、歩行を連想しませんか？　そしてまた、首の上下運動は極めて少ないのです。

　赤ちゃんのよつばいを大人が真似しようとしても、まずは無理でしょう。昔はできたはずなのですが。

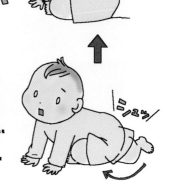

シューッ

よつばい

くいっ

モゾモゾ

シュッ

73

よつばいマスター

頭の位置の固定ってゴルフの基本なんだ

いいからお風呂入れて

おすわりで、ますます自由になる手

ヒトを含む哺乳類のほとんどは、後ろ足の方が前足より太く大きいですね。そして、後ろ足が動くことによって前足が動きます。チンパンジーの場合も一方の足を上げると反対側の手を上げます。

私たち人間もそうだとしたら、なんとも手作業のしにくいこと。

おすわりができるようになる前の赤ちゃんには、手の使い方にも変化が見え始めています。欲しい物に手を伸ばして物をつかんだり、おもちゃを振ってみたり、顔にかけられたハンカチを取り払ったり。

また、目の前で誰かが手を動かすと、その手の動く方向を予測できるようになっています。つまり、手が動いた先にコップが置いてあれば、コップを取ろうとする相手の意図を理解して、予測できるようになっているのです。

さらに、物の大きさがわかるようになり、小さい物は片手で、大きい物は両手で取るようにもなってきます。

赤ちゃんがおすわりできるようになると、そうした手の操作性は飛躍的に進みます。長いチェーンをカゴに入れたり、小さなボールを穴の中に入れたりなど、手を使った遊びに夢中になります。

物のつかみ方も変化します。小指側で

なんでもできる

見る、つかむ、振る

引っ張る、動かす

親指側で物をつかむ
穴に物を入れる

起きるよ！ガバッ
飛び起きられる

物をつかんでいたのが、親指側でつかむようになります。

　また、もっと繊細な指の動きも始まります。親指と他の指を合わせることができ、小さな物をはさむように持つことができるようになります。さらに、親指と人さし指で、たとえば細い糸などをつまむ「ピンチ」といわれる動作もできるようになるのです。

　私たち人間は、おすわりをして足の動きを封じ込めることで、集中して手を使うことができるようになったのです。

ピンチでピンチ

「はなす」のは「つかむ」より難しい

離乳食が始まり、食べ物を口まで運んでもらっていた赤ちゃんも、スプーンを握ったり、コップに触れたりしながら、自分でやりたいという気持ちが育ってきます。

手を使う細かな動きの育ちは、体全体を使う大きな運動と少し異なり、もって生まれた力だけではなく、学習する機会も必要です。たとえば、物をつかんだりはなしたり、コップを持ち上げたり置いたり、スプーンやお箸を使ったり、また字や絵を描くという活動から、手の使い方を学習していくのです。

赤ちゃんが自分でやりたがるころにな

ると、ママたちが悩むのは汚されること。特に食器をひっくり返されるので、できれば触らせたくないと思うのですね。でも、自分で食べたいという気持ちが芽生える時期に「汚れるからダメ」と触らせないようにしていると、スプーンを握ったり、コップを持ったり、やがてお箸を使ったりするための経験を積むことができません。

また、コップを持つことができても、はなせるようになるまでは、少し時間がかかります。はなそうとすると、動くようになった手首が回転してしまい、その結果、コップがひっくり返ってしまい大

ママ、はなしてごらん

あーん
自分でやってみたい

ガシーッ

つかめるけどはなせないの
ママもよ〜ん

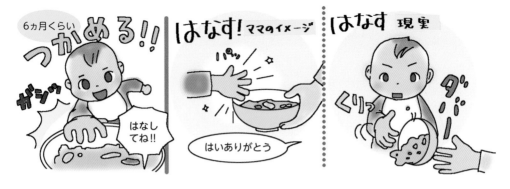

6ヵ月くらい

つかめる!!
ガシッ
はなしてね!!

はなす! ママのイメージ
パッ
はいありがとう

はなす 現実
くりっ
ダバー

惨事に!

けっして赤ちゃんが悪いわけではありません。「汚れてもいい」と、ある程度の覚悟と準備が必要になります。汚されることは、成長への過程でやむをえないことなのです。

この時期には、赤ちゃんが思う存分に体験できるように、コップやスプーンをおもちゃに仲間入りさせてはどうでしょう。入れたり出したり、かき回したり、ひっくり返したり、飲む真似をしたり…赤ちゃんは、まさに今やりたいことを繰り返しながら、微細な手の動きをたくさん体験できると思います。

ただし、コップの中に小さな物を入れて遊ぶのは、飲む真似をしたときに誤飲の危険があります。大きさや形には、十分注意してくださいね。

好きにしていいよー

汚れてもいい!

ママは覚悟してる!
しゃばばば…

むしろ応援してる
ぬりぬり

ばぁばのおうちだし!

よつばいと歩行

よつばいをするようになると、赤ちゃんは目的に向かって、一目散に移動するようになります。あそこへ行きたいという思いを、一直線に実現できるようになりました。

よつばいをしない赤ちゃんもいます。シャッフリングという、座った姿勢のまま、跳びはねるように移動します。このことについて「よつばいをしないと運動発達上問題が残る。歩行にも影響が出る」と、訓練をすすめる専門家もいます。

実は、こうした考え方をくつがえす育児法があります。赤ちゃんの体を手足ごと布でぐるぐる巻きにする、スウォドリングという方法です。こうすると、フニャフニャの赤ちゃんを、誰でも安心して抱っこできて、老若男女を問わず育児に参加できるというわけです。

そして、1年後にスウォドリングを解くと、その赤ちゃんは何の問題もなく歩き出し、その後の発育に大きな影響はなかったという論文もあります。

この育児法を批判したのは、近代育児の祖といわれるルソーです。大人の都合でグルグル巻きにされた赤ちゃんは、自由を奪われた被害者だと考えたのです。たしかに、現代の日本でも、通用する育児法とは思えません。

78

人気者

よつばい

一目散!

シャッフラー

ポイン ポイン

よろこびいさんで

　けれども、このスウォドリングが教え
てくれたことは、よつばいをしなくても
運動発達上問題が残ることはない、とい
うことです。

　シャッフリングで移動する赤ちゃん
の、歩き始めは遅れますが、歩行やその
後の運動の発達には、なんの問題もない
ことがわかっています。よつばいをしな
いから、訓練しなくてはいけないなどと、
考えなくてもよいということです。

　よつばいをするかどうかよりも、赤
ちゃんが自由に動ける環境を整えてあげ
ることの方が、大切なことなのです。

今につかむぞー!

スウォドリング

情熱圧縮
ギプス(!?)

好きにさせて

赤ちゃんに
自由を!

ルソー

ママにも自由と
安心を!!

スウォドリング協会

よつばいの
練習を!

環境
整備を

自由を!

おかわりを

ウーマンマーイ
(どっちでもいい〜)

口はとっても働き者

　おすわりして遊んだり、よつばいで動きまわるようになると、赤ちゃんはなんでも口に持っていき、まずはなめます。初めて見た物、手にした物は必ずと言っていいほど、口に持っていきます。

　それを見たママは「おなかがすいているのかな？」「寂しいのかな？」と思ったり、「癖になったら困る」「不潔なことはやめさせなければ」と考えることが多いようです。

　いの一番に働き始める感覚器官は、口です。おなかの赤ちゃんで、最初に働き始める触覚は、7週ごろに口のまわりから始まります。もう少したつと羊水の味も感じるようになります。

　おなかの中で12週ごろから見られる指しゃぶり…もしかしたら「自分の口」と「自分の指」をわかり始めているのではないかとさえ思えます。誕生後すぐに見せる「口唇探索反射」（口もと近くに触れると乳首を探す）では、他人の指だと反射を起こすけれど、赤ちゃん自身の指を使うと反射を起こさないのです。

　誕生後に、しばらく見られなくなっていた指しゃぶりが再び始まったとき、「これが自分」という認識を深め、さらに自分と違う他人がいるということを理解するのではないかとも思えます。

おっぱいじゃない

なぜか不思議な吸啜反射／指に反応して

吸おうと口を寄せるが

自分の手だと

反応しない！！／だってムダじゃん!!

赤ちゃんにとって、口はとても重要な情報収集ツールです。初めて出合った物の性質、硬いのか、柔らかいのか、ツルツルしているのか、ザラザラしているのか、などを口の触覚で学習しています。

鼻、目、耳、口などの感覚器官は刺激を受け取り、脳へと情報を発信しますが、口だけは、感覚器官としての働きだけではなく、食べたり、話したり、さまざまな役割を担っています。

口って、とっても働き者。赤ちゃんにも、その機能を十分に発揮させてあげましょう。ただし、誤飲などの事故には、ほんとうに注意してくださいね。

キャ～～～こわい！

加熱式タバコ　タバコ　ボタン　ボタン電池　クスリ　洗剤　ピーナッツなどナッツ類　グミ　キャンディ　じしゃく　押しピン　硬貨　カギ

口は忙しすぎ

なめなめ好きだね

口で確かめるの？

大きいあくび

くっしゃん

と思ったらくしゃみか

ふっふっえ～ふ～ぇ

忙しすぎで悲しくなっちゃったの？

動くようになると体のバランスが整う

縦に抱っこすると、なんだか背中が曲がっているように見える…と不安になるママがいます。

仰向けで眠っているようすを見ると、首をいつも同じ方向に向けている赤ちゃんもいます。

また誕生後の数ヵ月間、顔を向けた方の手足を伸ばす「非対称性緊張性頸反射」という反射運動があるのですが、この影響で「乳児側弯症」という背骨の変形を起こすこともあります。

いつも同じ方向を向いているので、首を触ってみたらしこりがあったということもあり、これは「筋性斜頸」といわれるものです。ほとんどの場合、1ヵ月もするとしこりが小さくなり、やがてなくなります。

上を向いて寝かせているせいで後頭部が押されて扁平になることがあります。これも、ママたちにはけっこう気になるようです。抱っこをして姿勢を変えてあげたり、頭の下にタオルやドーナツ枕を利用して、位置を変えてあげることもよい方法です。

いずれにしても、おすわりができたり、よつばいやつかまり立ちをするようになると、脊柱は自然にまっすぐになり、気になるゆがみは改善されていきます。

そろって思案中！

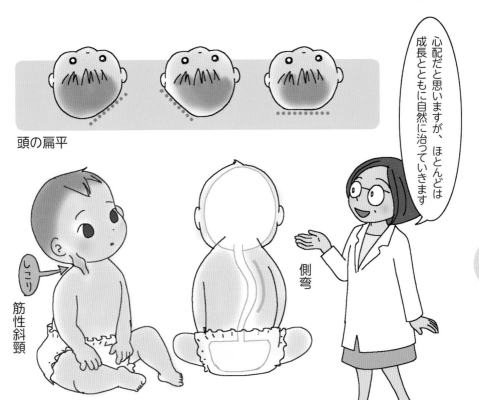

心配だと思いますが、ほとんどは成長とともに自然に治っていきます

頭の扁平

しこり

筋性斜頸

側弯

83

これもドーナツ

うちの子頭が長いし

後頭部の形が気になる！

この枕がきっといいよ！

ドーナツ

これパパの痔の座布団じゃない!!

ズルッ　ポリ

おすわりをして、好きなおもちゃに夢中になったり、よつばいでママの後を追ったり、お出かけがわかると玄関のところで待っていたり。活発に動きまわるようになった赤ちゃんは、ママへの要求や働きかけも盛んになってきます。

「9ヵ月革命」という言葉があります。9ヵ月の赤ちゃんの行動や理解力が、劇的に変化することをさしています。

それまでは、自分とおもちゃ、自分とママ、という二つの関係でした。それが、自分が初めての物に触ろうとするときに「ママ、これ触っても大丈夫？」と、問いかけるようにママの反応を確かめよう

とします。つまり自分とおもちゃとママという、三つの関係が生まれたのです。

また、赤ちゃんと向かい合って遊んでいるときに、ママが別の物を見ると、赤ちゃんもそちらに視線を移します。「ママ、なに？」と、ママがなにかに気を取られていることがわかり、自分も同じ物を見ようとするのです。これを「共同注視」といいます。

それまで自分の世界だけで生きていた赤ちゃんが、他の人も含んだ社会へ踏み出したのです。この時期をきっかけにコミュニケーション手段は増えてきます。指さしをしながら「アッ、アッ」と訴え

84

相手によるの

今までは呼ばれたってしらんぷりだったけど
○○ちゃん

最近ママとの距離が気になるの
違い！

おいでー
だから呼ばれたら行っちゃう

おいで〜
でもどうでもいい人だったら泣いて叫ぶの

ジブンと ママは
別々と
わかる・・・

と、ママの視線も
気になってくる

これ？

あ

と 他を見ると

ママの見ているものを探す

たり、「どれを食べる？」と聞くと、好きなバナナを指さしたり、指さしを使ったやりとりも盛んになってきます。

まだ、お話はしないけれど、赤ちゃんの中には、たくさんの言葉が生まれてきているのです。

遊んでいる赤ちゃんに、食事やお風呂に誘うときには「ごはん食べよう」「お風呂に入ろうね」などと、言葉をかけることが、赤ちゃんの気持ちを育てるうえで、大切になってきます。黙って抱っこされて移動させられるのでは、遊びを中断させられた理由もわかりません。次第に怒るようになるのは当たり前ですね。

複雑系

ここまで来られたぞ！

達成感！

ここはダメ！
危ないの

怒り!!

あーー

ほら落ちた

恐怖!!

達成したい
怒り
怖い
好き

どんどん複雑になる
おれさまの気持ち

ちょうどいい高さの台があると、つかまって立ち上がったり、腹ばいで登ったりするようになります。高いところから見る世界は赤ちゃんにとって格別です。

ママはハラハラして「ダメ」と言いたくなるかもしれません。でも、赤ちゃんは意外と慎重です。高いところに登っても、降りるときには、足が床につくかどうか確かめながら降ります。すぐに「ダメ」と禁止するよりは、少しようすを見てみましょう。

本当に危ないときには、はっきりと「危ないよ」と伝え、手助けをします。

活発に動きまわるようになった赤ちゃんの気持ちは、複雑になっています。思うようにならなくて怒ったり、ママが他の赤ちゃんをかまうと嫉妬したり。泣き方も激しくなります。

「しゃべらないから、理由がわからない」というママもいます。たしかに、赤ちゃんが泣き出す前に何をしていたのかわからず、泣きの理由を理解できないこともあります。

「どうしたのかなー、嫌なことがあったの？」と、たとえ赤ちゃんが答えなくても、聞いてみましょう。声をかけてもらった、なぐさめてくれている、というだけで気持ちが落ち着くこともありま

意外な発見

あら、また
危ない橋を渡ってる

あなたって危険な
お・と・こ〜

降りるの？

足がなかなか
つかないねー

焦ってるお尻
セクシ〜！

オォ、
オ…

86

す。言葉にしなくてもわかり合えること って、ありますよね。

　赤ちゃんは口の触覚で、いろいろな物 の性質、ツルツルしている、ザラザラし ている、硬い、柔らかい、丸い、角ばっ ているなどを繰り返し試して、覚えてき ました。成長とともに聴覚、視覚もしっ かりして、感覚器官を総合的に使いなが ら、動きまわって遊びます。

　ほんの5分でも、赤ちゃんの遊んでい る姿をじっと見てみてはいかがでしょ う。1年前、あんなに頼りなさそうに見 えた赤ちゃんが、こんなに育ちました。 感動しますね。

ママには気持ちがわかるよ

Part 2

あんよ

「イヤイヤ！」

「ちょうだい」「はい、どうぞ」…　一緒に遊ぶの大好き

「おいしいね」「これが好き」…　一緒に食べるのたのしい

あの子のことが気になるの？　勇気を出してそばに行ってごらん

ママはここで見ているよ

動きのバリエーションに見る赤ちゃんの応用力

赤ちゃんが盛んに寝返りをするようになると、いろいろな動き方をします。右側から回転したり、左側から回転したり。手や肩から回転したり、足の方から回転したり、動き方にはいろいろなパターンが見られます。

よつばいを始める前の移動の仕方もいろいろです。おすわりの姿勢で片ひざを立ててみたり、お尻をずらしてみたり、よつばいの形をとって、体を揺らしたり。

赤ちゃんが「あのおもちゃに触りたい」「あそこまで行ってみたい」という気持ちから、工夫をこらして移動しようとした結果です。いわば赤ちゃんの「応用力」。

「応用力」というと、「応用力をつけて頭のよい子に育てよう、それにはこんな方法が」という宣伝文句がチラつきます。でも赤ちゃんは、すでにもっている応用力をこうして発揮しているのです。

応用力を伸ばすには、赤ちゃんの「〜をしたい」という気持ちの邪魔をしないことが一番です。ときに難しすぎてあきらめそうになったら、おもちゃの位置を手が届くところに移動してあげるなど、少しだけお手伝いをするのもいいでしょう。赤ちゃんの達成感と満足感は、また次に見つけた新しい物へと好奇心を広げていきます。

ママの野望

新しいおもちゃをプレゼントするときは

すぐに手渡しては

もったいない！

ああ、あとちょっと！

そのイジワルさが

赤ちゃんの野望と成長を後押しするのかも！

ファイト〜！

よつばいや歩行が始まると、長い距離を望みどおりに移動できるようになります。行動範囲が広がった赤ちゃんの好奇心は強くなり、いろいろな物を探索する行動もより活発になります。そうした活動から得た体験は、だんだんとイメージの世界を広げ、記憶力も育てていきます。やがて箱を見ただけで、中になにが入っているかを予測できるようになっていくのです。

さまざまな場面で応用力を発揮してきた赤ちゃん。これからも自らもてる応用力を発揮しながら、問題を解決していくことでしょう。

すごいねじり方で首を曲げると

頭上にお気に入りのおもちゃが!! 取りたい!

ぐりん

あれ? 何だか遠くなったような―

ぐりん

どんどん遠のく おもちゃ…

がんばれ!! 地球は丸いんだ!

なぜかここにいます

さっきまでここにいたのに

ふと見るとお尻が

にじりにじり

移動してて

そして座卓の下で

ニョ～

そこが好きねー

大発見に夢中になる

「あらっ、なにしているのかな？」と思うほど、長い時間一人で静かに遊ぶようになってきます。

テーブルの下に潜り込むなど、自分が落ち着く場所を見つけ、そこで箱の中におもちゃを入れたり出したり、スプーンを使って箱から箱へブロックなどを移しかえたり、容器の蓋を開けたり閉めたり…遊びのなかに、自分なりのイメージをもち、そしてとにかく手をよく使います。

必ずと言っていいほど出合う遊びが、どこまでも止まらないティッシュの引き出し、放り投げ遊び。「きゃーっ、やめて！」と叫びたくなるかもしれません。

でも、止まらないのです。考えてもみてください。1枚出すと、「はいどうぞ」と次が顔を出しているのですから。

こうした、ママがドキッとする遊びは赤ちゃんが自分で発見したもの。気がすむまでやるしかありません。気がすむと、ピタッとおしまいにします。

どうしてもママが困るというのであれば、それに変わるアイデアを考えるしかありませんね。1枚出すと、「はいどうぞ」と次が顔を出す工夫を考えてみてください。右ページのような方法もありますが、ティッシュの魅力に勝てるかどうか。

出しても出しても続いている、たくさ

本物志向

できた！
手作り
おもちゃ

ほらみて
シャカシャカ
なるよ

シャカシャカ

作っている間に本物の
シャカシャカを…

ん繰り返した後には、必ず「はい、おしまい！」があります。この遊びは、とてもいい遊びだと思います。

箱は箱でも…

リズムに合わせて腰をフリフリ

よつばいの姿勢から、ちょうどいい高さの台につかまって立ち上がるようになると、いつもとはまた少し違った世界。「あれはなんだろう？」と触ってみたい物をたくさん発見します。

台の上にある物を取ろうとつま先立ちをしたり、腕を伸ばして台の上にうつ伏せに登ってみたり。そこから手で体を移動させながら後退し、つま先が床に着くのを確かめてから、降ります。

こんなふうに活発に、なおかつ慎重に動くようになった赤ちゃんの姿には、どことなく余裕が見られます。

そうなると、テレビから聞こえてくるCMソングに合わせて、腰をクイックイッと動かすことも…かわいくて、思わず笑ってしまいますね。

リズムは不思議です。音楽が聞こえてくると、誰でも無意識に拍子をとります。私たちに備えられた「前庭覚」と「固有覚」という感覚器官が快さを感じ、自然に体が反応するのです。

体を両足で支えられるようになり、聞こえてきたリズムに、思わず腰を動かすようになった赤ちゃん。元気いっぱい体を動かしたくなる音楽や、穏やかな落ち着いた音楽など、いろいろな雰囲気のものを一緒に楽しめるといいですね。

ニューバージョン

大発見

あ！ ピンチの
お尻発見！

かわいいピ〜ンチ

ん!?

う〜んち！

はじめの一歩

　赤ちゃんがいつ歩き始めるのか、その瞬間を心待ちにされることでしょう。

　たしかに、足と背中を垂直に立てて、左右の足を交互に使って歩く「直立二足歩行」は、人間の象徴です。

　しゃがんだ姿勢で遊んだり、すっくと立ち上がって、つかまり立ちでどんどん移動する赤ちゃんを見ていて「早く歩かないかなー」と思うママの期待が焦りになり、つい赤ちゃんの手を引っ張ったり、無理をしがちです。

　歩き出しで、赤ちゃんが怖い思いをすると、かえって時間がかかります。はじめの一歩は、赤ちゃん自身が「よし！」と踏み出す勇気と自信が必要なのです。あくまでも赤ちゃんのペースを見守りましょう。よく見ていると、つかまり立ちで両手を離してみたり、テーブルに寄りかかっている体をそっと離してみたり、自分なりにバランスを試しているのがわかります。

　そして、その日がやってきます。「あれっ、いま歩いたみたい」というぐらいさりげなく。あるいは、タッタッターと数歩続けてはなやかにデビュー。それぞれに個性的な「はじめの一歩」を踏み出します。

　最初のころは、両足を開いてバランス

どっち派？

うちの子慎重派みたい
なかなか一歩が出ない

怖いんだよなー

慎重派なんだよ
その方が安心だ

いえ、ばっちり危ない
橋渡ってますが…

をとっていますが、慣れてくると両足が
だんだんとそろってきます。

　赤ちゃんの足は、利き足とは反対側の
足のつま先が開いています。そのために
歩くとそちら側に曲がります。まっすぐ
に歩けるようになるには、もう少し時間
がかかります。

　また、手をつないで歩くときには、真
横からではなく、斜め前で手をつなぐよ
うにすると、赤ちゃんは安定します。く
れぐれも引っ張らないこと。赤ちゃんの
テンポに合わせてあげましょう。

こっちが利き足

立ち上がっているとき手を肩より
上にしてバランスをとります

歩き始めも
利き足の反対の
方向に曲がります

97

手のつなぎ方

手をつないで歩くのを
援助したいのですが

怖い
みたいで…

前に引く

前に手を引くと怖い
と感じます

斜め前から
支えて
あげると
安心しますよ

はいはいやあんよは「させる」ではなく「する」もの

はいはいをした、歩き始めた、という成長は、目に見える大きな変化です。そのためか、他の赤ちゃんより少しでも遅いと「はいはいさせなければ」「歩かせなければ」と焦りがち。

たしかに、赤ちゃんには「敏感期」という、ある能力を獲得するのに適した時期があります。たとえば、両目で物を見る機能の敏感期は生後3年と言われ、斜視はそれまでに手術をすることが適当と言われています。

食べるときに欠かせない咀嚼運動にも敏感期があり、離乳期に固形物を少しずつ経験することで、獲得していきます。

そうしたことから、どんなことでも敏感期に「練習させなければ」「訓練しなければ」と考えがちです。また、敏感期があるということで早期教育をすすめる方たちもいるようです。

ところが、それぞれの機能の敏感期がいつなのかということは、それほど明らかになっていません。

赤ちゃんが自由に動ける環境さえ整っていれば、「敏感期」には自分からよつばいしたり、歩いたりするようになるのです。

大人が教えたり、訓練させることで、できるようになるものではないのです。

頑張りすぎないで

少し余裕ができてきたのに落ち着かないな

いいママになりたい
ちゃんとしてあげたい

健診
あの子大きい！
はいはい早ーい！
わ離乳食もうあんなに

負けた気がする
私ってダメママ？

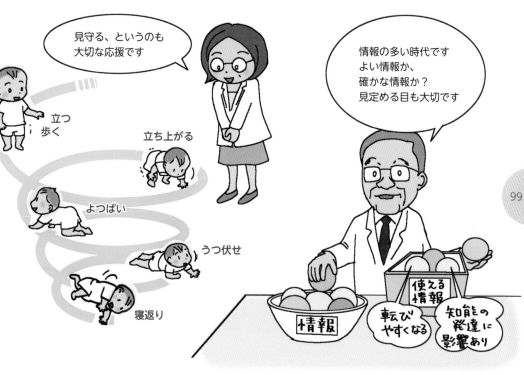

危険を察知する能力は生まれつきある

歩き始めた赤ちゃんを見ていると、転ばないかと心配になりますね。ついつい「あっ、ダメダメ」と禁止の言葉を口にしていませんか？

赤ちゃんには、危ないことを察知して避ける能力が、生まれつきあることを証明した実験があります。

ビジュアルクリフという、１m四方の板のまわりを透明のアクリル板で囲み、崖のように見える装置を使います。よつばいが得意になった赤ちゃんを板の上に座らせると、赤ちゃんはよつばいで動き出しても、透明なところに来ると止まります。泣き出す赤ちゃんもいます。

赤ちゃんには、板がないと崖から落ちてしまうことがわかっているのです。

また、そばでママが笑顔で手招きすると、迷うものの、勇気を出して透明なところも渡ります。ところが、ママが怒った顔、悲しそうな顔をしていると、赤ちゃんは動こうとはしません。

つまり信頼できるママからの情報を頼りに自分の行動を決めています。

この実験から、大人が「ダメ」を連発するよりは、見守りながら、励ましながら声をかけた方が、赤ちゃんはたとえ苦手と感じても、勇気をもって乗り越えていけることがわかりますね。

じぃじ！

指さしの意味

　ママのおなかの中でも、人さし指を立てるようなしぐさをしていた赤ちゃん。歩くころになると、指さしを始めます。

　これまでも、5本指を広げた手をママに向かって差し出していましたね。「抱っこして」「こっちに来て」などの、要求を伝えるための手ざしでした。

　人さし指を立てた指さしは「あれ」「これ」など、相手に伝えたい物がはっきりしてきたから始まる行動です。

　その伝えたい気持ちがもっと強くなると、「アッ、アッ」と声を出して、ママの気を引きながら指さしをします。

　さらに、ママの体をトントンとたたいて、ママに気づかせてから「アッ、アッ」と指をさします。これは「ねぇママ、あそこにネコがいるよ」という二語文の構造をもった指さしです。こうして、1本の指さしにも、たくさんの意味を込めているのです。まだおしゃべりをしない赤ちゃんですが、伝えたい気持ちは単語だけでは足りなくなっているのですね。

　名前を呼ぶと手を上げたり、「いいお顔は」というとお得意な笑顔をつくったり、「ちょうだい」と言うとすばやく手渡してくれるなど、言葉によるやりとりが増えています。おしゃべりが始まるのも、もうすぐですよ。

見て！　あれっ？

いいことが一つわかった

残念！これは通じなかった

103

楽しく遊ぶ極意

ママや親しい大人とのやりとりをするようになったら、赤ちゃんと向かい合って遊びましょう。赤ちゃんの遊びは知らないし、どうやればいいのかわからないというママもいるかもしれません。

おもちゃを「ちょうだい」「はい、どうぞ」「ありがとう」とやりとりするだけでも楽しいものです。

赤ちゃんは、一緒に遊べることがうれしくて、何度も繰り返したがるでしょう。

また、真似っこ遊びも好きですよ。ただ、赤ちゃんにママの真似をさせようと考えても、きっと難しいでしょう。ママが赤ちゃんの真似をしてみせると、赤ちゃんに大受けです。繰り返していると、今度は赤ちゃんの方からママの真似をするようになります。

やりとり遊びを繰り返すことで、だんだんと複雑な遊びも楽しめるようになり、「やってー」と、自分から遊びに誘ってくる姿もみられるようになります。

遊んでいるときに、ちょっと変化球を投げてみると、赤ちゃんはその意外性に気をとられて、さらに集中します。たとえば、向かい合わせで「トントン」とリズミカルに手拍子を打ち、「パッ」でお互いの手のひらを合わせます。何回か繰り返しているときに、「パッ」でわざと

ハマりすぎ

ちょうだい

はいどうぞ
ありがと！

ツボなんだ〜

ツボすぎてしばらく禁止に

震源地 ⬇️
あーんっぱ

あーんば

あーーんばっ

あ…んば〜

赤ちゃんの手を外します。少しびっくりして、それから笑いながら、何度も手を合わせようと挑戦してくるでしょう。

　同じ遊びでも、ちょっとしたバリエーションをつけると、楽しみも倍増します。ママやパパと一緒に楽しんだ赤ちゃんの中には、ユーモアを楽しむ心や遊び方のバリエーションを工夫するアイデアが、ムクムクと湧きあがることでしょう。

思いがけず認知症の予防にも!?

じぃじ足忘れたー

照れ→

キャキャキャッ

思わぬ効用

真似っこしてみよう
はいハンカチ

ポム
あ〜っ

ゴン
あ゛！
ストレス？
↑義母

あらお義母さん今日すきやき？
やったー！
グー
グー

「赤ちゃん」から「子ども」へ

皮膚が薄く、大人より赤血球の多い赤ちゃんは、たしかに赤く見えます。だから、「赤ちゃん」といわれているのです。

いつまでを「赤ちゃん」と呼ぶのか…実は、きちんとした定義はありません。同じように、「子ども」という呼び方にも定義はないのです。

一般に、生まれてから6歳までを乳幼児期としています。生後28日未満を「新生児期」。そして、自分の足で歩き、ごはんを食べて栄養をとることができるころまでを、新生児期を含めて「乳児期」と呼び、その後6歳までを幼児期と呼んでいます。

本書では、歩けるようになって、食事から栄養をとれるようになるあたりから、「子ども」と表したいと思います。

「自分でやりたい」という気持ちが芽生え始めると、赤ちゃん扱いされることを、あまり好みません。とはいえ自立するには力が足りず、イライラしたり、やってあげようとすると「イヤ！」と拒否する時期が、もうすぐやってきます。

子どものイライラにママもイライラ、などということにならないよう、なぜそうなるのか、子どもの育ちの特徴を知り、心の準備をしておきましょう。

子どもは、基本的に自分でできること

パパは本物

もんちゃんができなさそうなら助け船出して

え？ 折り紙で？

グズ グズ グズ ……

冗談？ あ、折り紙探してる

あれって助け船だっけ？

は自分でやりたいものです。そして、できないことでも「やろう」と挑みます。無理なときには、さりげなく助け舟を出す必要があります。

子どもとはいえ、できることまで大人にさっさとやられるとおもしろくありません。逆に、できないことを「やれ」と言われてもそれは無理。厳しくしつけるべきだと、無理なことを押しつけ続ければ、自信や自尊心が育ちません。

虐待事件を起こした親が子どもへの暴力を「しつけのため」と言うことがありますが、子どもの育ちを無視したしつけは、まさに虐待につながるのです。

これからは今までより以上に、子ども自身が新しいことに挑んでいる姿を認め、子どもの出すお助けサインにさりげなく応えていきましょう。

大人でも赤ちゃんへ

自分がわかって、他人がわかる

子どもは自分のことをどんなふうにわかっていくのでしょう。胎児期から手や口の触覚を通して、自分のボディーイメージをつくっていました。生まれてからも、ますます手や口の触覚を使いながら、自分のボディーイメージを確かめてきました。

鏡を見せたとき、「私」という全体像がわかるのは、1歳〜2歳の間といわれています。では、自分と他人の区別は、いつごろできてくるのでしょう。

そこで、相手の好みを、いつごろからわかるようになるのかを調べた実験を、ご紹介しましょう。

子どもの大好きなクラッカーをのせた皿と、苦手なブロッコリーをのせた皿を並べて置きます。そして、子どもの前で大人がブロッコリーを「おいしい」と食べます。次にクラッカーを「まずい」と顔をしかめながら食べてみせます。

そして、子どもに「ちょうだい」と手を出すと、1歳2ヵ月の子どもは自分の好きなクラッカーを差し出します。でも、1歳半になると、ブロッコリーを差し出します。このことから、1歳半前は自分と他人の区別がはっきりしていないので、自分の好きなクラッカーを出し、1歳半を過ぎると相手の好きなブロッコ

1歳2ヵ月になったぼく

ああ、じぶん

おいしい、じぶん

1歳2ヵ月になったぼく
ところでここにいるのは…

誰かなぁ…

リーを出す。つまり、自分と他人の区別がついているということですね。

このころは「○○ちゃんはこれが好きね。ママはこれが好き」などといった会話も楽しめるようになっています。

1歳8ヵ月のわたし

困ったときこそ育ちどき

自分がはっきりしてくると「イヤ」が始まります。「ごはん、食べよう」「イヤ」、「お風呂、はいろ」「イヤ」、「靴下、はこう」「イヤ」…なにをするにも、今まで以上の時間がかかり、ママの方が「イヤ！」と言いたくなるかもしれません。

「○○ちゃんは、イヤなのね」「ママは靴下はいてるけど」とママの意見を落ち着いて伝えることで、子どもが落ち着くこともあります。でも、そのときの虫のいどころによって、なかなか思うようにはいかないことも多いものです。あまりゴリ押しをせずに、「じゃあ、今日は靴下はなしで行こう」と、適当にかわすの

もいい方法です。

できれば、対応にバリエーションをもつと、子どもはそのたびに「あれっ！」と新たな対応をしなければならなくなり、子どもなりに考えることでしょう。ちょっと知恵比べのようになりますが。

「自分」がはっきりするのも、「他人」について理解するのも、ある日突然にできるわけではありません。なんとなく、その芽が出てきて、その後の経験を通して、だんだんとしっかりとしたものになっていきます。

自己主張ができることと、他人のことを理解することは、社会生活を送るうえ

日々これ更新

ごはん食べよう
イヤ

ごはんの後バナナだよ
イヤ

バナナの後ごはんだよ
イヤ

ふふふ、引っかかったね

ばか？
え!?
ニューワードで新展開に

ジブンの成長　他人の理解

どちらも時間をかけて育っていくものです

で、大切なことです。人間関係でゴタゴタが起きるのは、ここがちゃんとできていないために起こることも多いのではないかと思います。

なんでも「イヤ」と言いたい時期は、しばらく続きます。手を焼きます。ですが、この時期こそ、子どもは人とのやりとりを学んでいるのです。苦労しながらママやパパがつきあってくれる体験から、自分が大切にされていることを知り、他人を大切にすることを覚えていきます。これこそ生きていく力ですね。

発想の転換

今のイヤイヤ期をちゃんと過ごすことがこれからを左右するって

左右するぞー！
イヤ！

パパもイヤ！
ママもイヤ！

じゃあ左右じゃなくて上下だ～！
ぎゃはははは…

伝えたい気持ちが言葉に

指さしをして「あっ、あっ」と、なにかを訴えている子どもの姿が見られたら、子どもの中には、はっきりとした伝えたい思いと、たくさんの言葉が育っています。

やがてスタスタと歩くようになり、ママと離れてしまうと、身振りや指さしだけでは自分の気持ちをママに伝えられず、言葉が必要になってきます。

最初になにを言うのか、ママもパパも楽しみにしていることでしょう。子どもは「ママ」、「パパ」と言わなくても、言葉としてはすでにもっています。ですから、最初に何を言うのかは、そのときの

状況次第、偶然の結果です。

伝えたい気持ちがあるということは、自分がはっきりしているから起こることです。つまり、言葉の獲得時期には自己主張が強まり、反抗期へとつながっていくのです。

おしゃべりを始める前は、脳の神経系の成長が著しく、情緒的にも不安定で、ぐずったり泣いたりすることもあります。また、睡眠も乱れがちになり、夜泣きをすることもありますが、この時期を過ぎると、自然に落ち着いてきます。

「ワンワン〜った」、「パパ〜った」、など、不完全なおしゃべりには、「ワンワ

「あ」っの汎用

おしゃべりを始める前は脳の成長が著しく一時的に情緒不安定に

キーッ
ぐずぐずが増えたり

夜泣きすることも

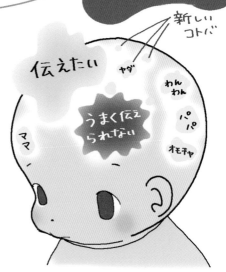

新しいコトバ

伝えたい

ヤダ

わんわん

パパ

うまく伝えられない

ママ

オモチャ

ンいたね」、「パパいったね」など、子どもの思いを補って返してあげましょう。自分の気持ちを言葉で受け止めてもらえると、ますますおしゃべりをしたくなるものです。

おしゃべりな子もいれば、寡黙な子どももいます。それこそ、個性です。スロースターターでも、伝えたいという気持ちの高まりとともに、ある日、突然、爆発的に話すようになることもあります。

113

はたして真意は?!

ワンワン・た

ワンワンいた?

立ってまーす〜
いちに
いちに

わんわんたった!
ワンワンいたのねー

体験の豊かさがイメージを強化する

目が覚めると、好奇心のかたまりのように遊びまわる子ども。大人の持ち物や、行動にも強い関心をもちます。

おもちゃばかりにとどまらず、ママが使う台所用品や化粧品、お出かけ用のバッグや靴まで。気づくと、顔に口紅を塗った子どもが、ママのバッグを持って玄関に…なんていうことも。

ある日、ママの時計がなくなり、どこで失くしたのだろうと不思議に思っていると、子ども用の小さなバッグの中から…なんていうことも。

日々の生活で大人がどんな道具を使い、なにをやっているのかということを、

子どもはよく見ていて、自分も真似をしてみたくなるのです。

このころ、身のまわりにあるものをなにかに見立てて遊ぶという活動も始まります。お菓子の入っていた円筒形の箱をコップに見立て、飲む真似をしたり、棒を入れてかき回してみたり。届いたダンボール箱を自動車に見立て、またがり「ブッブー！」と言ってみたり。

自分が前にした体験と目の前にある物とを結びつけ、イメージをもって遊びます。子どものようすから「あっ、おままごと道具が必要ね」「あっ、おもちゃの自動車を買わないといけない」などと、

油断大敵

静かなのは危ないとわかっていましたが

うるさくても危ないと身にしみました

大きいお魚ねー

鳥が
たくさん

日常の豊かな経験こそ
宝物です！

風が
強いね

考えなくて大丈夫。

　大切なのは、子どものイメージをふくらませる体験の方です。電車に乗っておじいちゃん、おばあちゃんの家に遊びに行く、スーパーで欲しい物を選んでレジでお金を払って買い物をする、散歩道で見つけた野の花を持ち帰り花瓶に飾る…こうした毎日の生活から、イメージを蓄積していきます。

注意一秒 !?

見慣れた風景の間違い
探しのように

静かに変で

想定外で危険で

倒れる〜

唖然とする毎日です

いや いや

下じきになって
死んじゃう

ダメは真剣に伝えよう

子どもには、できるだけ制限せずにやりたいことをやらせてあげたいもの。「ほめて育てる」ことをすすめる育児書も、たくさん見受けられます。

でも、「ほめる」ということは難しいことです。子どもが二つの積み木を重ねることに成功したとき「すごい！ うまくいったね」と感動し、子ども自身が感じているよろこびに共感をもって声をかけることは、子どもにしっかりと伝わり、うれしさを増大させ、さらにもう一つ重ねてみようと、子どものやる気につながります。

でも、うわべで「いい子だね」「えら

いね」とほめ言葉を使っても、それは子どもに伝わりません。

子どもは、ほめられることより叱られることの方を、早い時期から理解します。１歳を過ぎるころには、理由はわからなくても「ママがダメと言っている」ということがわかります。

「ほめなければいけない」と思っていると、叱ってはいけないのではないかと考えがち。そうした迷いから、はっきりした態度をとらないでいることは、子どもにとって好ましくありません。

たとえば時計やメガネ、スマホなど、ママやパパがいじってほしくない物で遊

バレバレ

すごい！ すてき！

う〜んなんかうわべだけってほめ方だなぁ

ほめるって難しい

翌日— 先生の絵 すてきです！

僕の絵は隣

す…すいません

ほめるの下手 以前の問題

んでいるとき、「やめてほしいな、だけど楽しそうだからな、こんなときにはどうしたらいいのかな」と思いながら、イライラしていませんか。

「ダメ」はきちんと伝えましょう。「これはいけないらしい」という受け止めだけでも、知らせていくことが肝要です。

避けたいのは、はっきり伝わらない叱り方や一貫性のない叱り方です。同じ行動を叱ったり、叱らなかったりすると、子どもは理解できないまま。さらに叱られても「だいじょうぶ」と思うようになるかもしれません。

感情的に怒るのではなく、「これはダメ」ということを、そのたびに繰り返し伝えていきましょう。

まだ、ルールや理由などを理解することはできません。でも、やがて「これはパパの大事な物だから」と、ダメな理由も理解できるようになります。

なぜか響いた

子どもは直感でママの本気度がわかるもの

声の大小や表情でなく経験値で伝わることも

一緒に食べたい

離乳食が完了するころになると、一日3回の食事になります。自分で、しっかりと栄養や水分がとれるようになったら、授乳はやめましょう。

よく、子どもが欲しがるうちは授乳を続けた方がよいと言われます。そして、その理由は母子の愛情を育むためという方もいらっしゃいます。

でも、体の成長を考えたとき、3回の食事で栄養がとれ、水分もとれるようになってきたら、授乳はきっぱりとやめた方がよいのです。とりわけ夜間の授乳は、子どもの胃を活性化させ、眠りが浅くなり睡眠のリズムをくるわせます。

子どもの要求を受け入れることが正しい育児でも、愛情でもありません。子どもの体の成長にそって、「もう、おっぱいはおしまい」「これから一緒にごはんを食べようね」と子どもに伝え、きっぱりとやめることも、深い愛情です。

授乳を「おしまい」にすることは、ママにとっても寂しいと感じることかもしれません。子どもも、大好きな安心な時間ですから、できれば続けたいと思うでしょう。ちょっとつらい「親離れ、子離れ」かもしれません。

そのかわり、一緒に食べることを楽しめるといいですね。「どれ食べる？」「お

子離れして欲しいでしゅ！

いしいね」「○○ちゃんはこれが好きね」などと話しかけたり、食材の色や味などの特徴を話題にして、一緒に食事をすることは、子どもにとって授乳にも劣らない、楽しく、満足な時間になるでしょう。

この時期は、手の細やかな運動を獲得していくとき。スプーンやフォークを使ったり、お箸に興味をもったり、ママやパパの使い方を見て、学習していきます。正しい使い方を教え込むことより、正しい使い方を、たくさん見せてあげましょう。

わたしだって！

何度教えてもスプーンの持ち方が直らなかったが

赤ちゃんだからむりむり！

急にお箸を持つように！

むふふふ…
これは使える

2歳までにほぼ完成する体内時計

ヒトの体は24時間の体内時計をもっています。出産直後は、ママから借りていた体内時計で体を動かしていますが、生後4ヵ月ごろには脳の中枢が働き出し、自分で24時間の体内時計を起動し始めます。

明るい昼には長く起き、暗い夜には長く眠るという区別がついてきます。毎日繰り返される睡眠、起床、食事で、2歳ごろには体内時計が完成します。

だいぶ昔になりますが、福井県で4ヵ月の赤ちゃんの睡眠時間を調査をしたことがあります。9時以降に寝る赤ちゃんには、8時前に寝る赤ちゃんに比べて便秘を起こす頻度が高いという結果が出ました。つまり、4ヵ月のころから、すでに寝る、食べる、排泄をするという生活リズムができ始めているのです。そして8時前に寝ることが、そのころの赤ちゃんの体には適しているのです。夜型になっている現代社会では難しいことですね。なんとか工夫できるといいのですが。

食事も、昼間に3回の食事を、おおよそ決まった時間にとるようにしたいものです。授乳をしている時期でも、夜中に泣いたからといってすぐに授乳するのは避けたいもの。抱っこしたり、オムツをかえるだけで眠ることもあります。どう

なんとか完成させて

4ヵ月ごろからつくり始めた体内時計は

親方～なんだか眠くて

おいおい

急げ！　そろそろ完成予定日だぞ！

2歳ごろ完成ですが

完成が遅れることも

新生児期は
ママ由来の体内時計が
自律的に動いていますが

大切なのは生後
の生活リズム！

明
と
暗（夜）

明と暗の経験が
視交叉上核で

統合・統率されて
2歳までに子ども自身
の体内リズムが完成
します！

121

しても飲ませたいというときには、胃に負担をかけないように湯冷ましだけにするといいでしょう。

しっかり寝て、元気に起きることで食欲を覚え、排泄も健康的。この生活リズムをきちんと育ててあげることは、やがて学校生活が始まったとき、さらに社会生活が始まったときに、ストレスなく順応していける体をつくります。

睡眠で土台づくりを

よい睡眠をしっかり
とると

寝起きも食欲もよく
やる気のある生活に！

土台をしっかり
築くことで

やがてそこからすてきな
ものが育ちます

あの子、なにやっているのかな？

身のまわりにある物に興味を抱き、夢中に遊ぶようになっている子ども。身近な大人と身振りや発声、簡単な単語を使ってコミュニケーションをとれるようになるころには、他の子どもの遊びにも興味を抱くようになってきます。

とはいえ、まだ自分の遊びが中心で、すぐに一緒に遊べるようにはなりません。公園などで他の子が遊んでいるおもちゃに関心をもち、まるで自分の物のように手を出したりします。相手の子どもが泣き出すと、そばにいる大人は「取っちゃダメ」「けんかしちゃダメ」と、おもわず言ってしまうかもしれません。実はけんかをしているわけではなく、その子の使っているおもちゃに触りたかっただけなのです。

「楽しそうなおもちゃだね、触りたくなっちゃうね。でも、○○ちゃんのじゃないよ」と説明しながら、その子の遊びを一緒にながめてみるのも、他の子どもに近づくひとつの方法です。

やがて、相手の子どもが何をしているのかを興味深く見つめるようになり、けっこう時間をかけて、それはそれは熱心に見つめることもあるでしょう。そして、ふと我に返り、自分の遊びを始めたり、少しだけその子の真似をしてみたり。

ぬれぎぬ

あれ、なにかな？

わぁ面白そう

取っちゃダメ！
けんかしないの！

ごめんね

けんかしてないよ！

取ったり取られたり

泣いたり泣かせたり

謝ったり仲直りしたり

子ども同士で遊べるようになるのは、自分がわかり、身近な大人がわかり、そして同じぐらいの子どもがわかり、その子がなにをして遊んでいるのかを理解できるようになってから。そして、ようやく子ども同士の触れ合いが始まります。

他の子どもと楽しく遊べるようになるためには、うまく遊べないからと尻込みせず、できるだけ他の子どものいる場所で、遊ぶ機会をつくりましょう。

たくさんの経験値が仲よく楽しく遊べるようにしてくれるんですね

心の倉庫に置いておけるように

あれは○○ちゃんのものなんだな

取らないで後でやってみよう

ああやって遊ぶんだなー

そういうことが心の倉庫にたまってくると

他の子とうまくかかわっていけるように

強い気持ちが「かむ」「たたく」に

他の子どもの近くで遊ばせていると、子ども同士の衝突は避けられないもの。欲しい物が思うように手に入らないと、泣き出したりします。ママがあわてるのは、相手の子どもをたたいたり、かんだりといった行動です。「欲しい」「いじってみたい」という気持ちを言葉で表現することができず、思わずたたいたりかんだりしてしまうのです。

保育園などの、この時期の子どもの集団では、よく起こりがちです。事件を起こした後の本人を見ると、相手の子どもが泣いていることにびっくりしている、というようすが見られるものです。

こうした行動を「悪い子」として叱責することが多いと思います。もちろん、「そんなことしたらダメでしょう。痛いよ」と、きちんと伝えることは必要です。でも、「欲しかったんだ」という本人の思いも認めてあげましょう。

大人の目が行き届いていたら、事前に「○○ちゃんのが欲しいんだね。一緒に遊べるといいね」と、声をかけてあげることができたかもしれません。物にだけ関心が注がれていた子どもは、その声かけで、欲しいと思った物で遊んでいる子どもに気づき、その子の遊びに注目できれば、「かむ」「たたく」は起こらなかっ

ぼくにだって理由があるんだ

取ったり押したりかんだりしてしまったときは

ガブ

ギャーッ

ごめんね
痛かったね

かんだら痛いよ
ダメでしょ！

止めたり叱ったりした後で—

"ごめんねして返そうね"

欲しかったんだね

思いを認めてあげる
のも大切

125

たでしょう。

そばにいる大人としては、責めるよりはむしろ「気づかなくてごめんね」ではないでしょうか。

「貸して」「ちょうだい」「やらせて」などの言葉が使えるようになると、そうした行動はなくなります。

なぜか納得 ?!

お近づきは背中から

たびたび会う自分と年齢が同じぐらいの子どもを覚え、名前を言ってみたり、呼んだりする姿が見られるようになります。保育園に通う子どものなかには、ある子どもを気に入り、先に登園した日は、その子の好きなおもちゃをとっておいて、その子が登園してくると渡してあげたりします。

まだ、一緒に遊べる仲よし、というわけではないけれど、気にしているようすが見え始めるのです。

このころの子ども同士のおつきあいの仕方で、とてもかわいい情景をよく目にします。それは、お互いに背中合わせに座り、それぞれに違う遊びをしている場面です。二人の間になんのやりとりもないのですが、どことなく「一緒にいたい」という、言葉にならない気持ちがにじみ出ています。

きっとほどなく、相手のようすをみながら、何かをあげたりもらったり、一緒に積み木を並べたり、といったやりとりが生まれてくるのでしょう。

子ども同士のおつきあいの始まりは、とても控えめで、背中で相手のようすを感じとっています。相手の持っている物だけに関心があったころとは大違い。その子がどんなふうに遊んでいるのか、な

そうだったのね…

にが好きなのかなど、むしろ友達に強い
関心が向けられています。こうして友達
同士のおつきあいは始まるのですね。

いまがチャンス

初めての子とやりとり
するのって

なわとびに入る
タイミングに似ているかも

あ！　これ

あい！

外遊びのすすめ

子どもは、出合うことがらすべてに興味津々。好奇心をもって世界を広げていきます。そうした子どもの思いを実現するために、家の中だけではなく外へ出ましょう。鳥や犬や猫などの動物や、季節の花や木、風や雲などの自然に触れることができ、世界はぐんと豊かになります。

ときには、はだしで土の上を歩き、その柔らかさを感じたり、石ころの硬さを知ったり。夏なら水遊びも子どもは大よろこびするでしょう。

新しい物との出合いで、子どもの感覚器官や運動器官は、ますます刺激され、磨かれ、子どもが育てているイメージの世界を深めることができます。

一人っ子の場合は、他の子どもと出会う機会にもなります。

公園に行ったり、近くのスーパーや郵便局など、ママの都合に合わせて一緒に歩いていくことをおすすめします。

子どもの歩調に合わせて、ゆっくりたっぷりお散歩をして、外気にふれ太陽を浴びることは、子どもの体、特に骨を丈夫にします。紫外線の強い時期なら帽子をかぶり、ビタミンD不足にならないよう、おおいに散歩を楽しんでください。

道々、出合う物を話題にして「あっ、赤い花が咲いているね」「ニャンニャン

発見の旅

「まる」のみち

おおきいき

でんしゃ

ポスト

ああ、おもしろいなぁ

お散歩コース MAP

スーパー

おうち

くすり
やさん

かだん

わんわん

びょういん

ふみきり

大きいこうえん

が来るよ」など、会話を楽しみながら、子どもに聞かせる言葉を増やしていきましょう。

しっかり歩くようになったと思っても、まだ急に立ち止まるのは苦手です。一人で歩いているときには、車など、まわりの状況に目を配りましょう。

好奇心の旅

触りたいものだらけ

いいな

たくさん見たから

帰りは寝てしまった

赤がわかってから信号がわかるまで

自分で歩けるようになると、ママやパパは交通事故が心配になりますね。

あるパパは「赤い色を覚えたから、赤信号でストップするように教えたい」と考えたようですが、なかなかうまくいきませんでした。

そうなのです。子どもが赤い色をわかるようになっても、信号の意味を理解し、横断歩道を安全に渡れるようにはなりません。それは4歳過ぎまで待たなければならないのです。

信号を安全に渡るには、「赤」「青」「黄」の色がわかり、それぞれの「停まる」「行く」「注意」の意味を理解する必要があるのです。

また、色や意味の理解ばかりではなく、運動能力でも「歩く」「止まる」「急いで歩く」が、自由にできる必要があります。

歩き始めた子どもにとって、「止まる」は難しく、1歳の終わりごろになって、ようやくできるようになります。確実にコントロールして止まれるようになるには、さらにもうしばらくかかります。

歩けるようになった子どもの動きを、「危ない」と止めてばかりいたのでは、子どもの育つ芽は伸びません。もうしばらく、離れた位置からでも目を配って、危険から守ってあげましょう。

ほとんど無理！

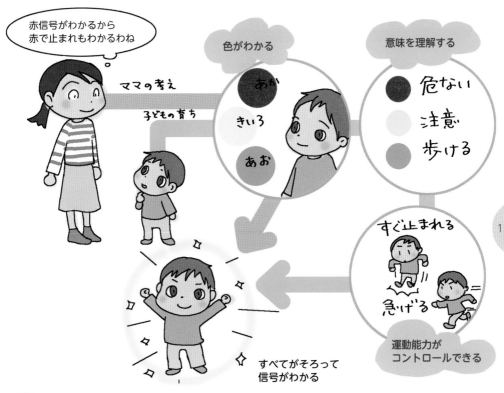

強い反発にはどう対応する？

どうしても「イヤ！」、どうなだめてもいうことをきかない、やがては大泣きを始める…こんな場面が、多くなっていませんか。

スーパーで、買い物途中、大泣きする子どもに困り果てたママ。買い物をあきらめて、外に出てしまうということがあるかもしれません。

自分が欲しいお菓子をママが「ダメッ！」って言う、自分で履きたいのにママがさっさと靴を履かせた、公園に行きたいのにママがスーパーに連れてきた…まぁ、きっかけはいろいろとありそうです。

でも、「先にお買い物よ」と言えば、今まで納得していたのに、どうして今日はこんなに大泣きをするのだろうと、不思議に感じることもあると思います。

子どもは、イメージをもてるようになると、自分なりの「つもり」を思い描いています。そのぶん「こうじゃない」「違う」という気持ちが、強くなるのです。

一方で、「イヤ！」と抗議しているうちに、自分がなににこだわっているのかわからなくなってしまうこともあります。「泣きが泣きを呼ぶ」という状況。そうなると、ママの声も耳に入りません。

そんなときには気持ちを切りかえて、

反抗期 vs. 高齢期 どっちが勝手？

かってかってかってー

公園行くの！ コーエン コーエン

今日は時間がないの！ ばぁばが来るの！

ギャーギャーギャー

なんとか早く家に着くと

ガクッ

ごめーん、今日やめる

立て直す必要があります。場所を変えて
みる、お水を飲んでみるなど…。

　落ち着いたら、「なんで、あんなに泣
いたの」などと反省を促したりせずに、

「さてと、お買い物に行こうか」と、マ
マも、気持ちを明るく切りかえて対応し
てあげましょう。

つもり対決

おしっこの自立は体の成熟から

ママのおなかの中にいたときから、おしっこをしていました。それは意識をした排尿ではなく、反射行動として排尿していたのです。生まれてからも、反射行動としての排尿はしばらく続きます。

2歳ごろになって少しずつ、大脳で尿意を感じるようになってきます。そうなってはじめて、膀胱の括約筋を使って意識的に排尿できるようになってくるのです。はじめのころは尿意も弱く、おしっこが出てから気づくことが多いものですが、だんだんとこのメカニズムが強化されてきます。

3歳ごろには意識的におしっこを出すことができるようになり、4歳ごろで膀胱にたまった量と関係なく、意識的に排尿できるようになるのです。排便機能もだいたい同じように成長してきます。

体が成熟することで排泄が自立するのですから、「何歳になったらトイレトレーニングを」という考え方は、不似合いだということをおわかりいただけると思います。成熟には個人差がありますから、早い子もいれば、遅い子もいて当然です。

子どもを見て、なんとなく落ち着かない、モゾモゾしているようすに気づいたら、少しずつトイレに誘うようにすればいいでしょう。

出る前に泣くもの

０～２歳ごろ

反射で排尿

尿がたまる

刺激を受ける

排泄

２歳ごろ

大脳が尿意を感じる

３歳ごろ

意識的に排尿

おしっこする

４歳ごろ

膀胱内の尿量とは
関係なく意識的に排尿

おしっこ ちょっと
がまんしようっと

保育園などでは、同じぐらいの子どもたちがトイレに行くようすを見る機会が多く、おしっこはあそこで、ああいうふうにするものだとわかり、自分もやってみたいと、きっかけをつかみやすいものです。

家のトイレの囲われた雰囲気を、怖いと感じる子どももいるかもしれません。嫌がるときには、なにがネックなのかを考え、なるべくトイレに入りやすい雰囲気をつくってあげましょう。怖がるようすが見られたら、ドアを開けたままにしたり、声をかけたりすると安心できることもあります。

開眼

お兄ちゃんトイレ？

しっこ

そっか…

ママがいるから勇気がもてる

ママにぴったりくっついている時期から、歩行や言葉を獲得すると、ママから距離をおいた活動が多くなります。

見るもの、聞くもの、出会うもの、すべてが初めての子どもにとって、好奇心だけでどんどん突き進むものの、ふと我に返って「不安」や「恐怖」を覚えることが、多々あります。

いつもは公園に行くと、一人でどんどん砂場に行くのに、今日はママから離れずに、ママの服の端をしっかりと握って離さなかったり、砂場にいる子どもたちをじっと見ているだけだったり、急に「抱っこ」としがみついてきたり。

今まで大ざっぱに見えていたものが、ふと細かいところに気づき、気後れしてしまうこともあるのです。

そんなとき「どうしたの、今まで一人で遊んでいたじゃない」と責めるのではなく、そんな子どもの気持ちなのかもね…と思いやってあげましょう。

考えてみれば、生まれてまだ1～2年、毎日が冒険の子どもにとって、挑戦するエネルギーをもつには、ママのところで安心感を蓄える時間が必要なのです。

充電がすむと、また自分から勇気をもって、新しい物や人との出会いの場に挑戦していきます。

少しずつ

ママと離れて遊ぶ

水遊び

初めての
おつかい

初めての
お泊まり

少しずつ
遠くへ…

ママの安全基地で充電して

ぎゅー

遊具に並ぶ

また冒険に出かけるのです

137

楽しいことばかりじゃないけれど…

子どもはケチで
いじわるで
ダメ

泣き虫でイヤだけど
ぬれたー

はい
え？

たまに優しいから
これは…
いいよ
つい遊んじゃうんだー

Part 3

「イヤイヤ！」

友達大好き

かけっこ ジャンプ すべり台

電車ごっこにおままごと

大好きなお友達もたくさん

だけど まだまだママの"おまじない"が欠かせない

体型が変化してきます

3歳から4歳にかけて、子どもの雰囲気がなんとなく変わってきます。ふとした瞬間に、ずいぶん大きくなったなー、なんとなく体つきも変わってきたみたい…と感じることはありませんか。

3歳になると、個人差はあるものの、身長は生まれたときの約2倍、4歳ではそれを超えてきます。体重は、3歳で約4倍、4歳で5倍近く。ずいぶん、大きくなりました。

なんとなく体つきが変わってきたと感じるのは、全身長に占める頭の割合の変化からです。生まれたばかりのころでは、体全体のなかで、頭が占める割合が大き

かったのですが、体の成長にともない、だんだんと頭の占める割合が小さくなってきます。

大人の身長と頭の割合は、8頭身なら相当なモデル体型、平均的には6頭身半ぐらいといわれています。子どもは、大人の体型に向かって、着々と変化しているのです。

走ったり、ジャンプしたり、活動的になると、子どもの筋肉も育っていきます。骨格もしっかりしてきて、起立姿勢を支える背骨のS字カーブができあがってきます。また、動きまわるときの衝撃を吸収する土踏まずもできてきます。

新生児のバランス

あれ？ 大きくなったな

頭と体のバランスが変わったのよね

赤ちゃんのころって3頭身ちょっとじゃなかった？

3頭身ちょっとって

あれだな〜

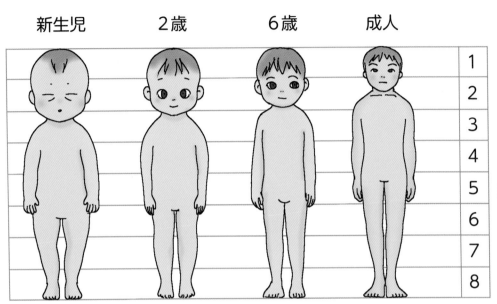

新生児　　2歳　　6歳　　成人

				1
				2
				3
				4
				5
				6
				7
				8

成長にともなう体型の変化

できてます、あれが

子ども同士で育ち合う

「ガキ大将」という言葉が聞かれなくなりました。そう呼べる子どもも、あまり見かけなくなっています。とても残念に思います。

3歳を過ぎると、保育園に通っている子どもばかりではなく、家庭で育つ子どもも幼稚園に通うようになり、集団で生活するようになります。

たくさんの子どもたちのなかで、さまざまな経験をすることは、育っていくうえで欠かせないことです。自分の知っている遊び方だけではなく、他の子どものやっている遊びを見て、真似をして、また自分の幅を広げ、力をつけていきます。

この時期の子どもにとって、なによりも重要なのは、人間関係の基礎を学ぶことです。自分がやりたいことがあるときには、他の子どもに「私にもやらせて」という気持ちを伝えなければなりません。「私にもやらせて」と他の子どもに言われたら、仲間と認め、一緒に遊んでいくことも覚えなければなりません。いわゆる社会性を身につけ始めるのです。

そうした経験を積むことは、特別な教育を受けさせるより、なによりも大切なことだと考えています。

子ども同士のつきあいからは、大人との関係では味わえない楽しさを感じるこ

大人じゃものたりない

オトナ対
子どもから

子ども対子どもに

オトナは察してくれて
譲ってくれて
優しい

これ欲しいの？

しょうがないなぁ

でも遊びたいのは
大人じゃないんだもん

142

143

とでしょう。最近は、大人の目がゆき届きすぎて、もっと言えば管理しすぎるために、子どもはいつも、なにかと大人の目を気にしているように見受けられます。

子どもを信頼し、子ども同士のつきあいに任せることも必要だと思います。わんぱくな子どもたちの姿を見せてほしいものです。

人間関係修業中

好きなお友達ができる

　毎日、園で会う友達のなかでも、ある特定の子どもを好きになり、なんとなくそばにいたり、家に帰ってから「○○ちゃんがね」と、お話をするようになります。なぜ、その子なのか…はわかりません。出会いは不思議なものですね。

　その子について歩いたり、近くで同じ遊びをしたり、園庭で拾った木の実をあげたり、もらったり。その実をお菓子に見立てて食べる真似をしたり、だんだんとおままごとが始まることもあります。

　こうした他の子どもへの関心が芽生えると、今まで自分のやりたいことが中心だったのが、自分が好きな子がどんなこ

とをしたいのか、どんなことを喜ぶのかなど、その子の身になってものごとを考えられるようになっていきます。

　また、たくさんの仲間のなかに入って、まずは一人の子とやりとりを始めると、集団生活のなかにある「約束ごと」を理解する入り口に立ったことにもなります。

　「友達が遊んでいる物をいきなり取るのはいけないこと、悪いことなの」と言って聞かせても、伝わりにくいものです。「○○ちゃんが遊んでいるのに、そんなことをしたら、悲しいよ」と伝えると、してはいけない意味が、伝わりやすくなりますね。

ぼくの役は！

好きな子についていって　近くにいて　真似して

何人もの友達のなかで「この子と遊びたい」と自然に思うようになる育ちは、とても貴重な意味をもっています。家でも友達の名前を言うようになったら、ママもパパもその子の名前を覚えて、子どもとの会話を楽しんでみてはいかがでしょう。

「好きな気持ち」「楽しい気持ち」を大切にしてあげるといいですね。

わぁー

あはははは

だんだん仲よしに…

みんなと遊んだよ

今日お砂場で遊んだ

楽しかった？　うん！

まこちゃんは？

お〜きな穴掘った

まこちゃんが水入れたら、みんな足入れた！

ザバー　あ〜

たくさん動いて汗をかこう

園庭や公園など、広々としたところへ行くと、子どもはとにかくよく走りまわります。走りながらカーブを切る姿も見られるようになります。

片足立ちができるようになると、階段を左右の足を交互に出して上り下りできるようになります。20〜30cmの台があると飛び降りたり、細い平均台を渡ることもできるようになってきます。

また、つま先立ちで歩いたり、後ろ歩きもできるようになり、さらに「ケンケン」をして前に進み、「パー」で両足をつくなど、左右の足を別の動かし方で使うこともできるようになります。

こうした運動能力は、思いきり使わせてあげたいものです。広い場所さえあれば、なにも言わなくても、教えなくても、子どもは自分で動き始めます。今できる動きを繰り返しながら自信をつけ、少しずつ新しいことに挑戦していきます。こうして好きなように動きまわることで、体はさらに成長していくのです。

エアコンの効いた室内だけで過ごしていると、汗をかく力が育たず、体温の調節機能が弱くなります。

動きまわることが大好きなこの時期に、大いに汗をかいて、汗をかける健康な体にしておきたいものです。

想定外

とぉー——！

わわ！虫！

大丈夫？

生傷が絶えないけど
動くのが楽しいようです

できる？

チョコレイト

147

汗腺を育てよう

汗をかく

熱を体外に逃がし

熱

体温 ⬇⬇

体温が下がる

いっぱい
汗かいたね

お水飲んで

おいしい

汗をかくと汗腺が
育ちます

手先が器用になる

「いくつ？」と聞かれると、苦労しながら人さし指、中指、薬指を立ててみせるしぐさはかわいいですね。

親指と人さし指を使うときの神経と、中指、薬指、小指を使うときの神経は別系統なのですが、3歳になるころ、この両方の神経をコントロールしながら、同時に使えるようになってきます。親指と人さし指で鉄砲の形を作ったり、じゃんけんのチョキやVサインができるようになるのも、この時期です。

クレヨン、画用紙、ハサミ、粘土、折り紙などを用意しておくと、手を使った遊びに夢中になるかもしれません。

お絵描きだと、不完全だった丸が描けるようになり、そこに目・鼻・口が描かれ、もう少し育つと、足や手が加わるようになります。

粘土遊びでは、長いヘビや丸い団子を作ったり。ママやパパも一緒に楽しんでみてはいかがでしょう。子どもに教えなくても大丈夫。楽しみながら自分の作りたい物に熱中してください。子どもも、自分の思うままに楽しみます。

作品ができなくてもいいのです。大人から見て形になっていなくても、子どもが「ワンワンだよ」と言ったら、ただの丸いかたまりでも、それは「ワンワン」です。

ゲイジュツ的粘土

わんわんできた！ここしっぽ？

ねこできた！長いねー

ママできた！これ何？

おしり　ニコニコ

うーん　うーん

ズッ

あるときは黒子に

ひとりでできたー！

すごーい

あるときはたいこもちに

ハサミを使って紙を切ることもできるようになってきます。ハサミを使うときに思わず口が動くようすが見られますが、これもこの時期ならではのこと。神経の使い分けが成長とともに進むと、見られなくなります。

手先が器用に使えるようになってくると、着がえなども自立してきます。ズボンに足を通したり、袖に腕を通したり、頭を襟ぐりから出すことなど、いくつもの別々の動作を順序立ててできるようになってきます。

ボタンをはめることは、最初のうちは少し大変かもしれません。でも、「自分でやりたい」ころ。ボタンは、はめやすい大きい物を選ぶなどの工夫をしてあげると、子どもは達成感を味わうことができます。

149

同期してます

なが～くなが～く、たか～くたか～く

ある日、積み木を並べ始めました。ありったけの積み木を並べ終えると、その後ろに自動車を並べ、さらにぬいぐるみを置いて長く並べます。積み木ばかりではなく、見つけた木の葉を並べたり、石ころを並べたり、とにかく長く並べることに熱中する時期があります。

また、積み木を高く積み上げて遊ぶことも、大好きになります。崩さないように積み上げていく、スリル満点の遊びは大人でも興奮するものです。

そして、その先に生まれてくるのは、イメージをもった遊びです。レールを長くつなげて、電車を走らせる。積み木を

積んで駅を作る。自分が見たことがある物、知っている物を頭のなかにイメージして形にしていくのです。できあがったミニチュアの世界で、子どもは電車に乗ったり、駅の改札口を通ったり、実際にママやパパとお出かけしたときのことを思い起こしながら、イメージのなかで再体験しているのです。

また、長い積み木を一つ置いて、その横に短い積み木を二つ並べ、一つと二つが同じ長さであることを発見したり、数の概念が体験のなかで、生まれてきます。「いくつ？」と年を聞かれたり、友達とおもちゃを分け合ったりしていくうち

それでいいのね？

車をイスの上に
置いてきて

テーブルの上の
くまを持ってきて

こうした やりとりを 子どもは とても 楽しみます

どっちが重いと思う？

こっち
かな〜

わぁー！
長いねー

に、五つぐらいまでの数がわかるように
なってきます。

　また、このころには「右、左」をわか
り始め、「大きい、小さい」、「長い、短い」、
「重い、軽い」、「男、女」などの、対になっ
た言葉を理解するようになります。

　子どもが選ぶ遊びのなかにも、育ちの
メカニズムは、たしかにあるのです。

即答でした

おっきー
ちいさーい

おとこ
おんな

みこ先生は？

おとこ！

え？
なんで??

役割を果たす「ごっこ遊び」

子どもの遊びを見ていて「なにをやっているのかな？」と思うことがあります。紙袋を頭にかぶり、おもちゃを入れたバケツを手にさげ、部屋の中を歩きまわり、イスに座ります。しばらくすると立ち上がり、バケツの中からなにかを出して、テーブルに押しつけ「ピッ！」っと言っています…ここでママは、日曜日におじいちゃんの家に電車に乗って遊びに行ったことを思い出しました。

紙袋を帽子に見立て、バケツをバッグに見立て、電車に乗っているつもりでイスに座っていたのですね。身近にある物をなにかに見立てて、記憶にあるイメージを再現していたのです。

イメージをもって遊ぶようになると、友達と「ごっこ遊び」を始めます。ままごとでママになったり、赤ちゃんになったり、おみせやさんごっこで買い物をする人や売る人、バスごっこで乗る人や運転手。それぞれに登場する役を決めて、お互いにやりとりをします。

このころには、絵本を読んでもらうと、実際には体験していない世界でも、自分なりのイメージを描きながら聞くことができます。気に入ると、何度も同じ絵本を読んでもらい、文の一部を覚えて、自分でも言ってみたり、その場面にくるの

ぼくのツリー

きのうは大きな

ショッピングモールで

巨大なクリスマスツリーを見て感動した息子

を待ち構えていて、大きな声で言うのを楽しみにします。

自分の体験の記憶からイメージを引き起こし、身近にある物をなにかに見立てて再現をする。そればかりか、友達とあるイメージを共有して、お互いに役割を演じることができる。素晴らしい成長ですね。

あれこれ自由にイメージできる時間が、子どもには必要です。ひとりで思いをめぐらせているようすが見られたら、できるだけ、そっとしておきましょう。

読んであげる

大好きな昔話をいつも読んでいたら

くまと電車に読んであげる姿が

あれ？ 今日は誰に読んでるの？

鍋かまにでしたー

たくさん話したい気持ち

これまでは「あのね」と話しかけてくるけれど、あとが続かなかった子どもの話をゆっくり聞いてあげたり、予測できるときには「ああ、○○ちゃんと手をつないだの？」と助け舟を出したりしてきました。

舌、下あご、唇や口内の構造がしっかりしてきて、もう一方では好奇心に突き動かされながら、獲得してきた言葉の洪水が、いよいよ「おしゃべり」としてあふれ出します。

友達と遊ぶときにも「いれて！」「いいよ」のやりとりができるようになってきます。でも、子ども同士だけでコミュニケーションをとるには、まだまだ大人の中継ぎが必要です。

「〜へ行った」「〜へ行く」という、過去と未来の使い分けも、できるようになってきます。

関心をもったことは「これなあに？」と聞いてきます。なんでも「これなあに、どうして」の質問攻めに、ちょっとうるさいな、面倒くさいな、と感じるかもしれません。

忙しいときには、「ちょっと待っててね」ということもありますが、基本的にはできるだけ答えましょう。答え方は、正確さより、応答することが大切です。

通訳力

今日は〜タタラタダシあった！
宝探ししたのねー

オシュナーでビーザマあった！ シャンコ
すごーい！

何がすごいの？
ビー玉3こ見つけたって

その宇宙語わかる方がすごーい！

現実性のない、おとぎ話のような返事でもいいし、わからないときには「どうしてだろうね」と子どもの知りたい気持ちに共感を示すだけでもいいのです。

話し始めたばかりの子どもは、言い間違いも多いものです。「エレベーター」を「エベレーター」と言ったり、「マヨネーズ」を「ママネーズ」と言ったり。

そんなときには、「あっ、マヨネーズをかけたいのね」と、正しい言葉を返すだけで十分です。わざわざ言い直しをさせる必要はありません。

わかったふり？

大人の反応を楽しむ ── 悪い言葉

　集団生活が始まると、いろいろな感染症にかかります。特に入園後すぐにかかることが多いものです。せっかく入園したのにと、ママは思うことでしょう。でも、子どもが感染症にかかることは免疫力をつけることにつながります。将来のために、乗り越えていきましょう。

　同じように、なんでこんなことを言うのとショックを受けるのが、悪い言葉。「バカ」「アホ」「テメエ」…果ては下ネタまで。

　こうしたことも、入園後に始まることが多いようです。ちょうど言葉をどんどん覚えている時期ですし、聞いたことも、使ったこともない言葉に触れ、すぐに吸収してしまっても不思議はありません。

　そのうえ、そういう言葉を使うとママもパパも先生も、たいていの大人はびっくりしたり、怒った顔をします。子どもにとっては言葉の意味よりも、大人が示す想定外の反応が面白くて、ますます使ってみたくなるのです。

　あまり言葉に反応せずに、「はしかにかかったようなもの」ととらえて、軽く受け流すか、無視をしておきましょう。

　やがて、飽きてしまうか、相手が嫌がっている気持ちを読んで、やめようと判断するようになります。

つられた

ノッてきた

過剰反応を誘う子どもの言葉とウソ

ある日保育園で、保育士から真剣な表情で相談を受けました。

「Aちゃんが私に『殺したろか』と言ったのです。放ってはおけないと思い、保育士たちで話し合いの機会をもちました。でも、よい解決方法を思いつかないのです」

びっくりしました。それは、その子どもの発言にではなく、保育士たちの反応にです。

子どもは大人の言葉を聞いています。周囲の大人からも、テレビからも聞こえてきます。子どもが理解しているのは、その言葉の内容ではなく、言葉がもつ力

です。この言葉を言うと大人は怒ったり、びっくりしたりする…そして、その力を試したくて言ってみるのです。3〜4歳の子どもが「殺す」という言葉を理解しているわけではないのです。

そうであれば、子どもの期待どおりの過剰反応をするべきではありません。冷ややかに無視をしてもいいし、「なに、できるならやってごらん」と切り返してもいいのです。子どもはきっと「えっ、それってどうするんだ？」と困るでしょう。

悪い言葉を使い始めるころ、子どもはウソをつくようになります。だまされたふりをして子どものようすを見てみてく

逆転

てめーころす！

どうしよう こんな恐ろしいこと 言うなんて

ドキ ドキ

会議に かけないと

あれ？ すごくあせってる？ おもしろいな よわいんだな

もう1回 …

ころしたろか…

もう一回言って みなさい！

あれ…

ださい。子どもはきっと「やったね！」とうれしそうな顔をしているはず。

「手を洗ったの？」と聞いて、「洗ったよ」とウソをつくとき、子どもは相手の心を読み、先がどうなるかを予想しています。ママの反応は「またウソをついて」だけではなく、「あれ、手がぬれてないよ」と見破ったり、「あらそう、よかったね」とだまされてみたり、バリエーション豊かに対応してください。子どもはあの手、

この手と考えることでしょう。

相手とのやりとりの先を読みながら、自分の言葉を駆使する体験は大切です。子どもがウソをつけるようになったと、前向きに評価してあげたいもの。

「ウソをついたことはない」という大人がいたら、それこそ大ウソつきですよね。ウソにもいろいろあるのです。ウソをつく心理そのものが、大切な心の育ちと言えるのです。

そう言ってはみたものの

反抗期に生まれる折り合う心

　自分がはっきりしてくると、自分の考えや思いにこだわります。園でも自分の座る場所にこだわったり、着ていく服にこだわったり。そして、言葉で「ここじゃなきゃイヤだ」「これでなければダメ」などと気持ちを表現します。一度言いだすと頑固で、説得するのが難しく、ママとしては「もういい加減にして」と言いたくなるかもしれませんね。

　園で、友達とのつきあいや、集団生活で我慢していることが多ければ多いほど、その反動で家ではわがままになるということもあります。

　そうなんです、こんなに大変な反抗期に、実はちゃんと自制心も育っているのです。園では、並んで順番を待つこと、なにかを分け合うこと、友達と手をつないで一緒に歩くことなど、ルールを覚えて守り、いろいろな場面で折り合いながら、生活しています。

　このころの子どもには、わがままな自分と、コントロールして我慢する自分、という二つの自分が並存しています。

　また、「イヤだ」と反抗しながらも、同時にそれに相反する「イヤじゃない」という気持ちももっています。ママが「パパとお風呂に入りなさい」と声をかけると「イヤだ」。ママが「またイヤなのか、

160

なりきり

はい、お土産のソンブレロ

これが息子のハートにがっちりはまり込み
はっはっは

なにがなんでもそれで登園
ザッ ザッ

今日なんの行事？
仮装？
いろんな人に聞かれます

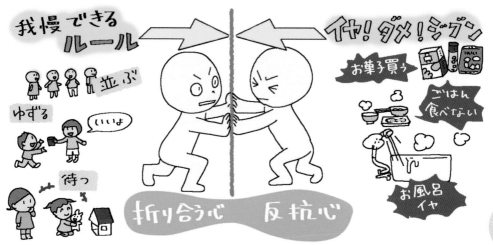

我慢できる
ルール

並ぶ
ゆずる
いいよ
待つ

折り合う心

イヤ!ダメ!ジブン

お菓子買う
ごはん
食べない
お風呂
イヤ

反抗心

あとで私が一緒に入るか」とあきらめると、「入る」と言い出します。一見、あまのじゃくに見える、こうした対応から、子どものなかには両面の気持ちがあることがわかります。

それに、困っているママの気持ちを感じていないわけではありません。ママの気持ちを察して、自分の気持ちをコントロールしながら、折り合えるようになるのも、もう少しです。

方針転換

ママじゃいや!

わかりました

あ　れ?

ママ〜

……

アイス食べる?

カタツムリとってこようか?

……

反抗期は傷つきやすい

　自分でなんでもやりたい、自分でやれるから親の言うとおりにはならない。そう決意したかのような、子どもの反抗には手を焼くものです。

　そこまで言うなら勝手にしなさい、と言いたくなる毎日ではないでしょうか。

　ところが、なんでも自分でできる、自分でやりたいとはいうものの、まだできないことがたくさんあります。果敢に挑戦しても失敗したり、思うようにならなかったり。そんなとき、子どもはイライラしたり、落ち込んだり、けっこう傷ついています。

　これまでは、ママのところへ逃げ込み、なぐさめてもらい、気持ちを立て直していましたが、強く言い張るぶん、以前のように素直に甘えられず、我慢していることも多いのです。

　大切なのは、そんな子どもの過渡期に抱くつらさを理解してあげること。ママも日々、イライラさせられて、勝手にしなさい…という気持ちでいると、なかなか気づきにくいかもしれませんね。

　すぐに声をかけたり、なぐさめたりしなくていいのです。「やりたかったのに、できなかったね、残念だったね」と、子どもの気持ちを思いやって見つめ、子どもが立ち直るのを待ってあげましょう。

いつの日かママに感謝を

そびえたつプライド

できるできる

危ないの

根拠ない自信

実力のなさは世界一

あ

ボタ

高いお肉 →

頑張れママ。怒ったら負け

あ〜

はぐはぐ

ガク

ざ…残念だったね

163

　もし、子どもが助けを求めてきたとき
には「だいじょうぶ。今度はきっとでき
るんじゃないかな」と励ましてあげま
しょう。

　失敗して傷ついている子どもを叱りつ
け、傷口に塩を塗るようなことはやめま
しょう。

危機から立ち直れる "おまじない"

子どもにとって、なんの問題もなく、元気に、明るく、楽しく遊びまわるのは当たり前のこと。遊ぶことに夢中で、ことさら自分を意識することなどはありません。ところが、悲しいことやつらいこと、マイナスの状態になるとそこで自分に気づきます。

思いきり走っていたら、転んでしまった…そのときの衝撃と痛みに、突如われに返り、ひと呼吸おいて泣き始めます。そんなときは、痛みよりも驚きの感情の方が強いように思います。

このとき、「だいじょうぶ？」「痛い？」など、声をかけてもらうことで、どんな

になぐさめられるでしょう。そのうえ、「チチンプイプイ！ これでだいじょうぶ」とおまじないをかけてもらうと、たとえすりむいた足が痛んでいても、勇気を回復します。

こうした魔法の言葉は、昔から、世界各国にあります。コマーシャルでも「痛いの、痛いの、飛んでいけ」を、世界の言葉で紹介しています。どこの国でも、危機に陥った子どもを救い、励ます言葉が、似た意味をもった各国の言葉で用意されているのですね。

理屈もなにもいらない、"おまじない"、おおいに利用しましょう。

長引く孤独の痛み

世界の痛いのドースルか？

治れ治れカエルのしっぽ
スペイン語圏

痛いの痛いの飛んでいけ
日本

母さんの手は
お薬の手
韓国

痛いの痛いの
どこかへいけ
**フィリピン
アメリカ**

魔法のチュッ！
フランス

165

早い回復

わーん
痛い
大変！

痛いの痛いの
飛んでいけー
びっく
びっく

あ！　飛んでる
え？　どこ？

木に引っかかった
ほんと？

自分で気持ちを立て直す

集団生活のなかには、ママがいません。自分の思いどおりにならなかったり、友達に自分の気持ちが伝えられなかったり、一緒に遊びたいのに仲間に入れなかったり、ボールを投げたいのに自分のボールがなかったり…傷つくこと、悲しいこと、つらいことはけっこうあるのです。

でも、子どもはそこをなんとか乗り越えていかなければなりません。今までなら大きな声で泣き出したり、相手をぶったり、もっと我慢ならないときにはかみついたり。そうこうするうちにママや先生が助けてくれました。

集団のなかの子どもを見ていると、悔しそうな顔をして地団駄を踏んだりするものの、泣かずにひと呼吸おいて自分を立て直し、また仲間のなかに戻っていく強さが生まれてきているのがわかります。

立て直し方には、その子の個性が見えます。すっとその場を離れて、しばらく一人で過ごし、また仲間のところに戻っていく子。とことん相手の子に交渉しようと試みたり、自分から先生に助けを求める子。

こうした子どもの姿を見ていると「頑張れ」と応援したくなります。いじめっ子やいじめられっ子に甘んじないため

思いついた解決法は

今までは泣けばママが

ポカ

たたけば先生が来ていたけど

最近ちょっと違い

どうしよう…

そうだ！ 自分で呼ぶんだ！

先生！

かみついたり

地団駄
踏んだり

大人もちょっと
ガマン

もうそんなこと
通用しないんだ…

大声で泣いたり

おーん
おーん

たたいたり

に、「私は、こんなふうにあなたと遊び
たいのです」と自己主張したり、「一緒
にこんなふうに遊ぶのはどうですか」と
提案したり。お互いに交渉し、受け入れ
る力をつけてほしいと思います。

提案型で乗りきる

ぐっとこらえて泣かない

どうしようか考える

あのね、じゃあ
こうしようよ！

いいよ　やろう

一歩先のおつきあい

楽しい食事が元気のもと

「ごはんですよ」と声がかかれば、自分で食卓につき、食べることができるようになっています。まだ、好き嫌いがあったり、遊びながら食べたりということも、あるかもしれません。

保育園や幼稚園ではちゃんと食事ができているのに、家ではダラダラと時間をかけ、そのうえ食べ残したりすると、心配するママが多いかもしれません。

食事が楽しい時間になっているでしょうか。忙しいと、ついつい「早く食べちゃってくれないかなー」と思いがちですね。そこで、食事を楽しい時間にするために、あえて準備の段階から子どもに

参加させるのも、一つの手です。

子どもになにかをさせるのは、かえって足手まといと思われるかもしれません。

「ママは炒めるから、○○ちゃんはこのボウルの中をクルクルかき回してね」と、子どもができそうなことをやらせてあげます。

ママと一緒に作った食事は、子どもにとってどんなにうれしくて、楽しいことか。きっと夢中で食べることでしょう。

1980年ごろから、子どもの「孤食」が問題になってきました。問題になっていても、状況は改善されずにいまだ増え続けています。親がそうせざるを得ない

緊張マックス

社会的環境があるからなのでしょう。

　食事の時間が遅くなるからと、先に子どもだけを食べさせるときには、できるだけ声をかけてあげるといいですね。

　楽しいと食欲が出ます。おなかと一緒に心も満たされれば、子どもの心は安定します。

　体を使った活動が、増えている時期。楽しく食卓を囲む機会を、できるだけつくってあげましょう。

見つめないで

ママはお姉ちゃんが塾から帰ったら食べるよ

寂しい？　ならここで一緒にいるからね

やっぱり食べにくいからあっち見てて

不登校につながる「睡眠負債」

同志社大学赤ちゃん学研究センターがある木津川市の保育園で、子どもの睡眠調査を実施しました。その結果、30％を超える子どもたちが、夜10時以降に寝ていることがわかりました。

そして遅いばかりではなく、寝る時間がバラバラな子どもや、睡眠途中で起きてしまう睡眠障害のある子どもも少なくありませんでした。そうした子どもには、落ち着きがない、集中力がない、衝動性が高い、集団行動がとれないなどの、問題が指摘されています。

もう一つ、少し前になりますが、日本小児保健協会が行った調査では、10時以降に就寝していた子どもは昭和55年では20％以下でしたが、その後年々増加し、平成12年では40％を超えるまでに増えています。

夫婦共働きが増えた現代では、夕食の時間も8時以降と遅く、それにともない子どもの入眠時間は遅くなる一方です。

学校生活が始まると、始業の時間に合わせた生活が必要になりますが、睡眠不足の子どもには、つらいことです。

子どもの成長に悪影響を及ぼすこうした生活リズムは、親の働き方そのものから考え直さなければならない、社会的大問題だと、深刻に思っています。

生活リズム

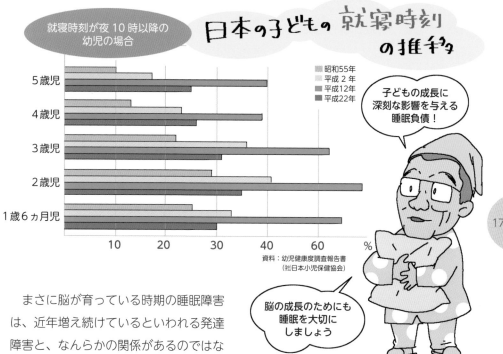

就寝時刻が夜 10 時以降の
幼児の場合

日本の子どもの 就寝時刻 の推移

凡例：
- 昭和55年
- 平成 2 年
- 平成12年
- 平成22年

- 5歳児
- 4歳児
- 3歳児
- 2歳児
- 1歳6ヵ月児

10　20　30　40　60　%

資料：幼児健康度調査報告書
（（社）日本小児保健協会）

子どもの成長に
深刻な影響を与える
睡眠負債！

脳の成長のためにも
睡眠を大切に
しましょう

　まさに脳が育っている時期の睡眠障害は、近年増え続けているといわれる発達障害と、なんらかの関係があるのではないかと危惧しています。

眠っている間の脳の仕事

睡眠中の脳は
記憶の整理

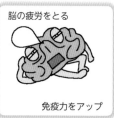

脳の疲労をとる

免疫力をアップ

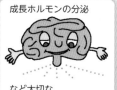

成長ホルモンの分泌

など大切な
働きをしています！

脳の成長を助けてあげる
ような生活をしましょう

ゲーム中毒にしないで

まずは、枕もとに携帯電話を置かないでいただきたい、と願っています。パソコンやスマートフォンのディスプレイには、ブルーライトが含まれています。

ブルーライトは強いエネルギーをもっていて、角膜や水晶体を通り抜けて網膜へと到達します。

私たちの体内時計は、網膜に朝日を感じることで目覚め、暗くなると脳を休めるというリズムを刻んでいます。眠る前には、ブルーライトを浴びることがないように注意し、睡眠の質を低下させないことが重要です。

最近は3〜4歳でも、ゲーム中毒の症状をもつ子どもがいます。簡単な操作を繰り返すことで遊べるため、長時間集中しやすいのです。注意せずに放置すると、中毒症状を起こします。絶えずイライラして落ち着かない、睡眠が浅い、不機嫌などが特徴的な症状です。また、人とのつきあいも嫌う傾向があります。

ましてや3〜4歳というと、まだまだ脳の成長は活発なころ。二次的に起こす睡眠負債のことを考えても、将来に影響しないとは言えません。

診療で出会った子どもたちは、ゲームをやめて、他の遊びの楽しさを経験していくことで、症状は改善されています。

ゲーム中毒とは

ゲーム中毒の症状
❶イライラ、落ち着きがない

❷不機嫌

❸眠りが浅い

❹人づきあいがイヤ

などあります

網膜が朝日を感じることで目覚め
暗くなると脳を休めるリズムで
生活をつくっている最中

スマホやPCから出る
ブルーライトを浴びると寝つきが悪くなる
不眠、睡眠の質を低下させる

ゲーム中毒は子どもの体内時計と
脳の成長に悪影響を与えます

ゲーム中毒になると

ゲーム依存が進むと
朝起きられない

ゲーム時間をコントロ
ールできないだけでなく

思考や言語をつかさどる
前頭前野の

発育に悪影響があります

覚悟と自信が必要な親稼業

子育てに必要なものはなにかと聞かれると、「それは愛情でしょう」と答える方が多いと思います。でも、愛情って難しいですね。

自分では「子どもを愛している」と思っていても、子どもにとっては「うるさい、やりたいことの邪魔をする」と思われていたり、あるいは「少しも私の思いに気づいてくれない」と感じていたり、気持ちのすれ違いは多々あるものです。

「子どもに気に入られるような親になりたい」などと思っていると、それはそれは大変でしょう。自分の気持ちを押し殺して、子どもにつきあう…そんなこと

をしていたら、いつか親のストレスが爆発し、当の子どもはワガママいっぱい。あるいは自分とはなにか…一生自分探しを続けることになるかもしれません。

私たちは、親になったら覚悟が必要だと思っています。子どもという一人の人間の登場です。当然、今までどおりの生活を続けることはできませんし、子どもは親の思いどおりにはなりません。子どもの命と健康を守るためには、授乳やオムツ交換から始まり、体と心の成長のためにつきあわなければならないことはたくさんあります。

一方で、子どものために親である自分

親の夢

親としては、子どもは
無条件に愛してくれて

寝なさい
はーい
なんでも言うことを聞いて

優秀で誇らしい気持ちに
させてくれて

ずっとそばにいてほしい
それが本音

憧れて

反抗して

やがて
乗り越えて
いくもの

それが
親なのだ!!

の人生を、犠牲にすることはないとも思
います。なにかに向かって自信をもって
生きている姿を子どもに見せることは、
親が子どもにできる、最高の教育ではな
いでしょうか。

　子どもは親に憧れ、反抗し、やがて乗
り越えていくものなのです。

子どもの夢

子どもとしては、いつも
そばにいてくれて

なんでもいいよって
言ってくれて

いつもニコニコしていて

怒らなければいいな
それがお願い

Part 4

友達大好き

そして
もうすぐ一年生

おうちでママのお手伝い

順番守れる　じゃんけんできる

友達同士のトラブルだって解決しちゃう

なんだか…ちょっと頼もしい

ある日、突然よい子になる

自分に気づき、なんでも自分でやりたいと主張しつづけた1歳後半から4歳ごろ。その時期を過ぎると、親をさんざん困らせた子どもは、まるでそれを償うかのように、突然によい子になります。

あれほど自己主張していた子どもが、急に聞き分けがよくなったり、思いやりともとれる行動を目にして、ママは感動することもあるでしょう。

言われなくても、食べ終わった食器の片づけを手伝ったり、園でも順番が待てるようになったり、遊びのルールがわかって積極的にグループでの遊びに加わったり。椅子に座って折り紙や粘土遊びなどにも、ある程度の時間、集中できるようになります。

また、会話のなかで「〜みたいな、〜のようだね」というように比喩の表現を使うことも。また、ウソをついてみたり、人をからかったりするユーモアも発揮するようになってきます。

いわゆる反抗期といわれた、これまでのようすと大きく変化することから「4歳の壁」と呼ばれています。この壁を乗り越えるのは、束の間の出来事のように感じるものです。でも実は、子どものなかでは、時間をかけて準備してきたものが力になり、一気に乗り越えているのです。

肩透かし

こうした壁は、1歳半、4歳、7歳、9歳、そしていわゆる思春期といわれる13歳にもあります。それぞれの壁の前では、必ずといってよいほど、親を困らせます。そして、それを乗り越えると「ごめんね」とでもいうように、話のわかる子になっています。それこそ、子育ての苦労が報われるときですね。

ときに、この壁の前で足踏みをする子どももいます。また、発達障害といわれる子どもの場合にも、苦労が少し長引きます。「大変ですが、次への育ちが待っているのだと思うと楽しみです」とおっしゃるママもいらっしゃいました。子どもの育ちを前向きにとらえる姿勢に、敬意を抱きながら、深く共感しました。

きっとわが目を疑う日が

もう帰るよ

ヤダー バカ。 はなせよ！

大変だね

でも大丈夫

あなたにも ほっとする 日が やがて来る

ママいくよ

ツンツン

あ、はいはい

あんまりじろじろ 見ないの！

失礼でしょ

夢中になると視野がとても狭くなる

子どもの視覚の育ちは、けっこう時間がかかるものです。輪郭が多少ぼやけてはいるものの、3歳ごろになって、ようやく形の違いがはっきりしてきます。

5〜6歳になると、だいたい大人と同じような視力になります。遊びでも、手先を使った細かな作業が得意になってくるのは、こうした視力の育ちも関係しているのですね。

でも、まだ安心はできません。実は、6歳の子どもの視野は、大人に比べて狭いのです。大人は水平方向に150度、垂直方向に120度の視野があります。一方、この時期の子どもの場合は、水平方向に90度、垂直方向に70度です。

私たち大人は、急になにかが落ちてきたとき、それを察知して身構えます。視野の狭い子どもは、落ちてきたことに気づくのが遅れます。

また、行動範囲が広がっていて、なにかを見つけて一目散に走って行く姿は、元気いっぱいです。すでに足まわりを気にしながら走ることも、できるようになっています。ところが夢中になると声も聞こえず、名前を呼ばれて返事もできない、ということも。狭い視野がなおさら狭くなっています。事故やけがなどには、十分に気を配ってあげましょう。

視覚の育ち

新生児　0.03くらい

両目の協調性がない

0〜3ヵ月児

人の顔とそれ以外のものの区別がつく

6ヵ月児頃

数m離れた物が見える

そのうえ人の表情の違いがわかる

子どもと大人の視野の違い

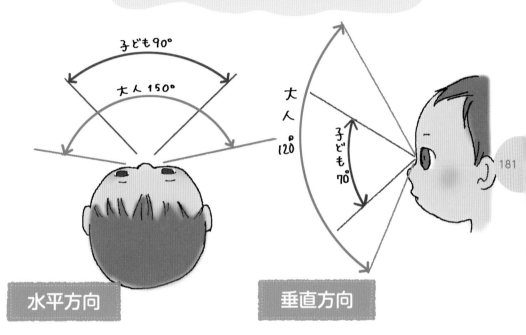

子ども 90°
大人 150°

大人 120

子ども 70°

水平方向

垂直方向

181

1歳ごろ
パンダ　おにぎり

物の区別がつく

2歳ごろ　こんにゃく　はんぺん

たまご

四角、丸、三角などの
形の区別がつくように

3歳ごろ　ピーマンが入ってる!!

形の違いが
はっきりする

5〜6歳

ほとんど大人と
同レベルの視力になる

ルールがわかるようになるには幅がある

保育園や幼稚園などで、４歳児を担当する先生方には、苦労が多いようです。なぜなら、この時期の子どもたちの発育はデコボコが大きいからです。

同じクラスにルールのわかる子、わかりかけている子、まだわからない子などが混在しているため、同じ遊びをしていても、困る場面が多くなるのです。

ルールがわかったばかりの子どもにとって、とても大切なルールを破る子がいると、自分を否定されたようで許せない気持ちになるのでしょう。５歳を過ぎるころになると、ルールを破る子どもに対しては、とてもきびしい対応をするよ

うになることもあります。

遊びを進行しようと思う先生にとっては、ルールのわかる子どもを中心に置かざるを得ないこともあるでしょう。でも、まだルールを理解できない子どもを、ダメだと否定したり、叱ったりはできません。難しいけれど、ルールを守れる子と、まだ理解の途上にある子どもの仲立ちは、大人がする必要があります。

ルールを理解していない子どもは、簡単な遊びを繰り返しながら覚えていきます。そのことを念頭におきながら、遊び方の工夫を考えていくしかありません。

いったんルールを理解するようになる

千差万別

４歳といってもできることはそれぞれ

ルールがわかる子

ルールはわからないけど優しくて明るい子

つい友達を
いけないんだー！！
責めて泣いちゃう子

君子危うきに近寄らずの子
キラキラ

183

と、ルールを楽しみながら遊ぶことができるようになり、さらにルールに変更を加え、アレンジして遊ぶこともできるようになっていきます。

片思い

「許せない」の次を伝えよう

　ある保育園の巡回相談に行ったときのことです。おやつの時間になり、ホールで遊んでいた子どもたちは、自分たちの部屋に戻ることになりました。

　保育士は子どもたちに、手を洗ってから、自分の椅子に座って待っているように伝えます。子どもたちは一目散に部屋に戻っていきました。

　最初に椅子に座った男の子を3人の女の子たちが囲み「こんなに早く座っているのは、おかしいよ。手を洗ってないでしょう」と言い始めました。

　男の子は「洗った」と答えますが、「じゃあ、手を見せて！　洗ったのならぬれて

いるはず」と詰め寄ります。男の子は拒否しますが、女の子たちの攻撃はやまず、とうとう男の子は泣き出しました。すると1人の女の子が「あんたはいつもそうなんだから。泣いてごまかすのはやめなさいよ」。

　女の子の攻め方、言葉使いに、その子が日常、目にし、耳にしている雰囲気がいやがうえにも感じ取れます。生まれて5～6年もすると、大人の複雑なやりとりを、よくも悪くも、そっくりそのまま身につけてしまうのです。

　こんなときには、男の子の言い分をちゃんと聞けるように、大人の助太刀が

厳しいお年頃

必要です。

　また、ことの真相が不明のまま、疑いだけで人を責めてはいけないことを、伝えるチャンスでもあるのです。

　覚え始めたルール、それを破る子を許せない気持ちは、自然な心の育ちです。だからこそ、次の成長に向けて、相手の気持ちをくみ取れる心の大らかさ、ゆとりを伝えていきたいものだと思います。

アンタがいつも責めるから子どもが真似して

ばあば、いいから一緒にトランプしようよ

神経衰弱しようね

ばあば、今ずるしたでしょいけないんだ！

ママに似て厳しいな

子ども同士だからこそ、できる仲裁

保育園の先生から、年長児のけんかの顛末を撮ったビデオを見せてもらったことがあります。保育士は子どものやりとりにはまったく関わらず、終わるまで録画し続けたものです。

二人の男の子の間で、なにやらボールの取り合いに端を発したけんからしく、激しい口調で言い合ったり、にらみ合ったり、延々と続いています。いったい、どう終結していくのだろうか、手を出したりしないだろうか、と心配しながら見ていました。すると一人の男の子が、突然二人の間に割って入りました。手には長い物差しを持っています。

なんと、黙って二人の身長を測り始めたのです。そして、背の高い子どもに向かって「あんたの勝ち！」と告げました。その途端、二人の子どもはすんなりと納得し、けんかは見事に終息したのです。止めに入ったタイミングといい、身長を測るアイデアといい、大人には真似ができない仲裁でした。

大人が管理しようとせず、子どもに任せ、そこに生まれる子ども同士の関係を待ち、見届ける。大人にも辛抱強さが必要です。ハラハラ・ドキドキしながら見守ることで、またとない子ども同士の貴重なストーリーが展開されるのです。

きょうだいげんか

仲間割れ

大人の期待を感じている

ある日、二つの保育園で相撲大会が開かれ、順番に見学しました。

一つ目の保育園では、負けた子どもは、みんな大泣きをしています。もう一つの保育園では、負けたほとんどの子どもが、「負けちゃった」とあっさりしたもの。この違いはなんだろうと、不思議に思いました。

そして、気づいたのは、二つの園の相撲への取り組み方の違いです。

大泣きをした子どもたちの保育園では数日前から準備をして、何回も対戦練習をしていました。当日は土俵を作り、表彰式も準備されていたのです。

「負けちゃった」とあっさりした保育園では、いつも遊びのなかで相撲をしていました。大会当日の服装は普段のままで、園庭に描いた円を土俵に見立て、相撲をとっています。

このことから、どちらの園がよいか悪いかではなく、大人の相撲大会への取り組み方、考え方が、子どもたちに大きく影響していることがわかります。

「頑張れ！　負けるな！」と勝負に力を入れる園では、勝とうと頑張るだけ、負けると悔しい気持ちが湧いてきます。

和気あいあいと楽しんでいる園では、勝ち負けにあまりこだわりません。

本格派相撲大会

こうした、大人の思惑を理解して、応えようとする気持ちは、4歳を過ぎると芽生え、その思いは徐々に強くなってきます。

こうしたらママがよろこぶだろうと考えた行動も、増えてくるでしょう。

お楽しみ相撲大会

競争心の芽生え

　勝った、負けたと競争させることはよくない、1番、2番と評価することはよくない、と言う方もいます。運動会でも、表彰はしないし賞品もなし、という園もあるようです。

　でも子どもの競争心は、自然と育っています。のびのびと育った子なら、自分は人より優れていると思うものなのです。それは極めて自然な自尊心で、生きていく力になるものです。3～4歳のころ、なんでも1番でないと気がすまなかったり、あの子よりいっぱい木の実を拾ったと自慢したり。

　問題になるのは、競争心が対抗心になると、人間関係がつくりにくくなることです。「あの子には絶対に負けたくない」という対抗心から、争う気持ちが強くなり、相手を否定したり、物言いが上から目線になったり、無視したりする態度が生まれてきます。

　子どもの個性もありますが、こうした気持ちをたきつけているのは、案外、大人ではないかという気がします。

　競争社会のなかを強く生き抜いてほしいという気持ちがあるのかもしれません。でも、考えてもみてください。まわりの人を一人でも多く、追い抜いて生きていくことが、強く生きることなのかどうか。

競争心はダメ？

運動会は1番2番など競争はなしにします！

足は速いけどトランプや歌が得意な子もいますし

ええ、それぞれの個性は大切にします、が

競争心は悪くない、対抗心とは違いますよ！

対抗心

あいつにだけは
負けたくない！

僕の方が強い
（速い）（うまい）

嫌い

〇 自然に芽生える
競争心

もっと（うまく
速く etc…）

なりたい

頑張りたい

どうしたら
もっとできる？

子どもは競争心から、「あの子より速く走りたい」と考えたり、言ったりするかもしれません。でも、それは自分のなかにある「もっと、こうなりたい」という気持ちの表れであることに、気づきたいものです。教えたり、たきつけたりしなくても、子どもには向上心がちゃんと育っているのです。

191

対抗心に注意！

頑張って！　1番よ1番

ママも小さいころ
足速かったよ

うーん

まなちゃんが
足速いんだ

強敵ね！

まなちゃんに勝つ！

オー！

みーちゃん
遊ぼ！

やだ！

敵だから

なんとなく嫌いに…

子どもを金縛りにする「よく見てやりなさい！」

　自転車デビューなど、子どもが新しいことに挑戦しているときに、うまくできないようすを見ていて「よく見てやってごらん！」と声をかけていませんか？

　見て、意識して、身につけると考えがちですね。でも実は、よく見て意識をすると、体は動かしにくくなります。

　5〜6歳の子どもに会うと、試してみることがあります。子どもを正面に座らせ「両ひじを両脇につけて、手はひざの上。真似してみて」と両手をひざの上でヒラヒラと動かして見せます。うまく真似ができたら次に「自分の手をよく見て、速く動かしてごらん」と言うと、最初は

うまくできていた子どもでも、動きがぎごちなくなり、動かなくなったりします。

　子どもに「よく見てごらん」と声をかけるのは、逆効果なのです。

　自分から、新しい動きに挑戦している子どもを見ると、やりにくそうにしながら、何回も繰り返していることに気づきませんか？　元陸上競技選手の為末大氏は、「何度も繰り返し練習することの意味は、意識的な運動を無意識にさせることによって、一段上の運動にしていくことにある」と言っています。

　子どもの繰り返しは、理にかなった活動なのです。

無意識がうまくさせる

真似してごらん

そうそう上手

無意識にする動きはうまいですよね

運動を無意識に繰り返すのは上手になるための理にかなったやり方なのです！

いくよ〜

ジャーンプ

193

よく見て！ が難しくする

自分の手をよく見て速く動かしてみて

速く！ よく見て！

ヒラヒ…ラ…ビ…

うう…う〜

子どもだって一人でぼんやりしたいときがある

　近ごろの子どもは忙しくなっています。スケジュールが多く、3〜4歳でも「塾通い」という言葉を耳にすることも。スポーツ、音楽、語学の教室に通う子もいるようです。

　その話を聞くと、少し心配になります。子どもは「本当に好きなものはなにか」を、自分で試行錯誤しながら見つけている時期です。早々と大人がレールを敷いてしまうことで、子ども自身が見つけたり、出会ったりする機会を奪ってしまうことにならないでしょうか。

　さらに、塾通いが子どもの生活リズムを乱しているのではないか、ということ

も気になります。園が終わった後に教室通い、それから食事をして…どうしても就寝時間が遅くなります。子どもにとって、睡眠時間の長さや睡眠の質は、とても大切なこと。眠っている間にこそ、成長ホルモンが活発になるのですから。

　それに、子どもはいつも大人の目にさらされています。自由に遊ぶ時間はあるのでしょうか。昔は、ガキ大将をトップに、数人の子どもたちで秘密基地を作ったり、そこに行けば馴染みの友達がいて、大人の知らない子ども同士の関係が築かれ、一生を左右する友情を育んだりしたものです。そのグループのなかでチビ

194

いちばん好きなこと

月金が体操、水曜日がスイミング
火曜日は英語

友達と遊びたい

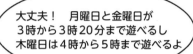

大丈夫！ 月曜日と金曜日が
3時から3時20分まで遊べるし
木曜日は4時から5時まで遊べるよ

あら！
ぼんやりしてる！
ぼんやりする時間も
必要なのよね

ガーン

ちゃんは、チビちゃんなりの役割を果た
し、先輩たちはよく面倒をみたものです。

そして、なにより強調したいことは、
子どもにも、ぼんやりする時間が必要だ
ということです。大人でもそうですね。
ぼんやりして、パソコンでいうなら頭の
なかを初期化して、次の活動に向けて、
エネルギーを蓄える時間が必要なのです。

育ちどき

早く寝なさい

キャッ
キャッ

眠ると成長ホルモンが
出て大きくなるんだよ

どっちがもっと
大きくなるかな...?

ママのおなかは
成長ホルモンのせい？

や ははは

長～い昼寝してるから

「勉強」が気になるけれど…

　そろそろ「学校」という言葉が聞こえ始めると、ママやパパは「勉強」が気になるようです。文字を書けるようにしておかなければいけないのではないか、算数はどうしたらいいだろう…など。教材を買ってきて、勉強をさせなければいけないと考えるかもしれませんね。

　「勉強」の始まりは、子どもの生育と無関係ではありません。運動の育ちを見ても1歳、2歳、3歳、4歳と、年齢を重ねるごとに複雑な動きを獲得してきます。感動的な「はじめの一歩」を踏み出してから、今では、まわりの友達の動きを見ながら走りまわられるまでに、すっか

り成長しました。

　その過程を思い出してみても、子どもの育ちは、けっして一面的ではありません。動けること、友達と遊べること、道具を使えること、話せることなど、多面的なことが絡まりながら、複雑に育ってきています。

　これまでの子どもの遊びのなかにも、数や文字に関係するものがありましたね。おはじきをたくさん箱に入れて、友達に分けてあげ、残りが「少なくなっちゃった」と確かめてみたり。絵本の中に書かれた文字に興味をもったり。

　「学校＝勉強」というと、急にそのノ

勉強なんかつまらない

見て、ねこ2匹とねずみ1匹合わせて…1、2

全部で何匹？
1、2

やだ！ キライ!!

キライ　→　つまらない
↓
まだ脳の育ちが、勉強することに追いついていない場合も

ウハウにだけに関心がいってしまうようですが、実際には子どもの脳の育ちにそって、数の系列や足し算、引き算なども理解するようになっています。

はじめは、自分がりんごを1つ持って、ママが2つ持って、全部で3つという数の把握の仕方が、「1+2=3」と概念化できるようになるには、育ちの時期があります。最初は量と数、重さと数のように、自分の感覚を通してとらえることから数の理解は始まるものです。ドリルなどでノウハウを覚え、記憶できる子ど

も、たしかにいます。でも、それは概念を育てることにはなっていません。

「遊んでばかりいないで、勉強しなさい」というママの言葉が、始まるかもしれませんが、子どもは遊びのなかで、学んでいることを忘れないでください。

鉛筆やノートで勉強させても、そこまで脳が育っていなければ、子どもはただ苦痛を感じるだけで、意味がないのです。

本来なら、勉強は楽しいはず。どうか、勉強嫌いの子どもにしないように、ご注意ください。

勉強大好き

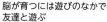

脳が育つには遊びのなかで友達と遊ぶ

道具を使う、言葉を使うなどの多くの経験をし

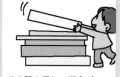

その積み重ねで概念がつくられることが大切です

そして脳が育っていれば勉強が楽しいと感じます

気持ちを表現するのは難しい

4歳を過ぎて、さらに5歳、6歳と成長していく過程では、子どもは複雑な思いを抱くようになっていきます。

赤ちゃんのときにはいやなときには泣き、うれしいときには笑い、その心の切りかえができるようになったことが、大きな成長でした。

それから、「自分」に目覚め、「他人」に気づき、いろいろな人間関係を結ぶようになってきています。

相手によって自分の対応を変えたり、そのときの状況を読んで役割を果たしたりと、人間関係の応用力もついています。

そして、言葉の使い方も巧みになり、

大人顔負けのジョークを言ってみたり、物真似で人の気を引いてみたり。ママやパパも、なにかと楽しい時間を過ごせるようになってきます。

一方で、この時期にまだ苦手なのが、自分の気持ちを言葉にすることです。「なんで、こんなことをしたの？」と聞かれても、自分の気持ちを上手に言葉にできないのです。その結果、黙り込んだり、うつむいたり、困ったような顔をしたり、知らん顔したり。そのようすを、大人は「反抗的」ととらえやすいものです。

このようなときには、たたみかけるような聞き方はせずに、ゆっくり待ってあ

そう言われても…

げるか、「こんな気持ちだったのかなー」と軽くフォローしてあげるといいでしょう。自分でも、はっきりしていなかった気持ちが、言葉にしてもらうことで、理解できることもあります。

なんでもおしゃべりできるようになったと思っても、まだ、おしゃべりを始めて、3〜4年しかたっていないのです。「自分の気持ちをはっきり言いなさい」と焦らせるよりも、じっくり待ってあげたほうが、自分の気持ちを見つめながら、自分なりの表現を探し出せるようになるのではないでしょうか。

気持ちを 表す
言葉を助けてあげる

悔しい気持ち
だったのかな？

悲しいから
やめてほしいと
思ったのかな？

悲しい気持ちだった

199

形式主義

バカにされて
悔しかったのね？

違う！　あほって言ったらけってきたから倍返しした

先にあほって言ったのじゃあまずあやまろうね！

ごめんごめん！ごめんごめん！
ごめんごめん！ごめんごめん！
ごめんごめん！ごめんごめん！

思いやりのある子に育てたい

ママやパパ、園の先生方も、子どもをとりまく多くの大人たちは「優しい、思いやりのある子に育ってほしい」と願っているのではないでしょうか。では、どうすればよいのか…意外と、その効果的で具体的な方法は、語られていないように思います。

ある保育園で「思いやりは、まさに子どもたちのなかにある」ということを教えられました。

比較的重度の遅れをもつ子どもに出会いました。その子の発育を考えると、できるだけ他の子どもたちと一緒に生活し、遊べる環境が必要でした。そこで地域の私立保育園に入園することになったのです。

入園したばかりのころは、新しく入ってきたその子が珍しかったのか、多くの子どもたちが近寄り、関わり、なにかと手助けをしてくれました。

2〜3ヵ月もたつと、面倒をみてくれる子は、年長の女の子2〜3人に減ってきて、半年後にはそうしたこともなくなっていったのです。

やがてその子は歩けるようになり、自分の思いを少しの言葉と自分なりの表現で、伝えることができるようになっていました。

必要だからお手伝い

新しいお友達のまっ君です
仲よくしてね！
はーい

まっ君歩けないの？
手伝ってあげるね

2〜3ヵ月後
取ってあげるね

半年後—
みんなもうお手伝い
しないの？

卒園を迎え、園長が次のようなことを話してくれました。

「とても貴重な経験でした。そして、子どもたちから多くのことを学ばせてもらいました。なかでも『思いやり』とはなにかを教えられた気がします。保育士が指示したわけでも、教えたわけでもないのに、子どもたちは自然に自分から弱い子を助け、その子が自分でできるようになると、また自然に手を引き、他の子どもと同じ仲間としてつきあいます。私たち保育士だけでは、とてもできないことだと思いました。そして、このクラスはとても和やかで優しい、けんかの少ないクラスだったと思います」

この経験から、障害のある子も含めて一緒に暮らすということの意味を、私たちも学ばせてもらいました。

体が弱かったり、障害があったり、さまざまな子どもたちが一緒にいてこそ、「思いやりの心」は育つのだと思います。

学校教育のなかでも、発達障害児を早期に見つけて、特別支援教育の名のもとに、その子を特別な子どもとして、障害のない子どもたちから切り離してはいないでしょうか。心の育ちを考えると、それはきわめて残念なことだと思えてなりません。

まっ君は歩けるもん

お話もできるよ！

手助けは必要な分だけ自然にやって

運ぶね！

ゆっくり

助けられた方も自分から仲間に追いつこうとする

子どもたちから本物の思いやりを学びました

子どもの育ちは…爆発だ！

「芸術は爆発だ」と言ったのは、芸術家岡本太郎氏（1911～1996年）です。1970年に大阪府吹田市で開催された日本万国博覧会のときに、彼によって造られた「太陽の塔」は有名です。

岡本氏が「爆発」と言った真意を正確に把握するものではありませんが「全身全霊が宇宙に向かって無条件にパーッとひらくこと」と表現しています。

私たちも、子どもの育ちを見ていて、同じ感覚を抱いています。子どもの育つ過程は、けっして大人の手でこね回してつくれるものではなく、命がもつエネルギーに突き動かされながら、自らのなかにため込み、ため込み、そのときがくると、まるで爆発したかのように、全身全霊でパーッと弾けるのです。

「歩き始め」「しゃべり始め」など、大きな育ちの節目や、なにかをわかりかけている時期には落ち着きがなく、イライラして、大人を困らせたり、園で問題がある子と言われることもあります。

今では、大人の管理の目がゆき届き、そうした子どもが見つかると、すぐに矯正に取りかかります。

大人の社会と子どもの世界に距離があったころ、子どもはもっと自由で、ガキ大将がまかり通り、今、言われている

待っててね！

どうして待てなかったの
待っててねって言ったのに

でも子どもの育ちは
ウチの子遅れてる！？
まだできない
待てない大人がいて

ちょっとしつけに問題ありね
やばくね？
てか親バカ
てかバカ親www
待てない社会があり

待つという寛容な気持ちをもてない親がいる
どうしてわからないの！？
なんでできないの！？

問題行動は「おっちょこちょい」「あわてんぼう」「あまのじゃく」などと言われ、許されていたことも多かったのではないかと思えます。

子どもは、さまざまなことに興味をもち、自分から行動していくものです。基本的には、大人とは違う世界に住んでいるのです。

もう一度、子どもたちが自由にのびのびと、思いきり爆発しながら生きられるようにしてあげましょう。それこそが、命本来のあり方だと思えるのです。

本当は立ち止まることも

いったん戻るようなことも成長には必要なのです

わが子を待ち、信じ、守る

待っててね

それが親の大切な役目なのです

大丈夫よ！

204

　私たちは1974年から小児科医として働き始めました。行郎は、大学や専門医療機関で研究しながら診療を行い、薫は総合病院や療育機関、地域のクリニックなどで診療にたずさわりました。1975年に結婚。双子を含む三男一女に恵まれ、共働きで悪戦苦闘しながら子育てをし、今では8人の孫たちに囲まれています。悪戦苦闘とは言うものの、思い返せば決して辛い経験ではなく、大変だったけれど楽しかった子育て時代でした。仕事でも、私生活でも、多くの子どもたちに接してきました。

　近年、二人でよく話をしたのは、私たちの子どもを見る視点が「病気を診る」から「子どもを観る」へ変わってきたということです。特に、一見心配される子どもたちの行動に「育ちたい」という命の力を感じ、愛おしささえ感じるようになりました。そして小児科医という仕事を選んで、ほんとうに幸せだったと思っています。

　香川県に設立したクリニックを拠点に、これから二人で楽しみながら子どもたちを見守り、応援していきたいと考えていた矢先に、行郎は血液がんの診断を受けました。約9ヵ月に及ぶ入院生活の末、2019年9月5日に永眠いたしました。入院中、治療が少し落ち着くと、行郎はみなさんに伝えたいことを書き始めました。私も病室に付き添えるときに

は、いろいろ話し合いながら書き進めてきました。私たちが今まで出会った多くの親子さんや保育園、幼稚園、学校、病院、療育機関、研究機関で出会ったみなさんの顔を思い出しながら、そしてもちろんわが家の子どもたち、孫たちのことも思い起こしながら。こうして話し合い、調べなおすという「共同作業」の時間がもてたことに、感謝しています。

「育児」とは、「子どもを産み育てること」といわれますが、私たちは、自ら育つ子どもたちを応援すること、つまり「育む」という視点が大切だと考えています。そのために、みなさんに子どもたちの育つ道筋を知り、子どもにそった理解をしてほしいと願っています。育ちの道筋を知り、今の育ちの少し先を見通すことができれば、大人を困らせる行動にただ振り回されるだけではなく、その時期を見守り待ってあげることができるのではないかと思います。

子どもの成長には、トラブルがつきものです。トラブルが起こると「早く解決してあげなければ」あるいは「なんとかトラブルを起こさないようにしなければ」と考えるかもしれません。でも、子どもの成長に関しては子ども自身が変わることでしか解決できないことがたくさんあります。それをくぐりぬけてこそ、子どもはひとまわり大きく成長していけるのです。そんなとき、子どものそばにいる大人にできることは、どっしりと構えて、子どもを励ましてあげることだと思います。

本書をお読みいただき、そうした育ちの「見通し」をもっていただければ、そしてゆったりとした気持ちで子どもを見守っていただければと願っています。

　今回も、三枝節子さんに原稿を整理していただき、齊藤恵さんにイラストや漫画を描いていただきました。「赤ちゃんBook」シリーズ以来の絶妙コンビです。そして赤ちゃんとママ社の西由香編集長には、荒波のなか励まし勇気づけていただきながら、刊行へとこぎつけることができました。深くお礼を申し上げます。

　一人でも多くの方が本書を手にしてくださること、お心に届きますことを祈っております。

小西 薫

著者プロフィール

小西 行郎 (こにし ゆくお)

同志社大学赤ちゃん学研究センター長／教授。日本赤ちゃん学会理事長。1947年香川県生まれ。京都大学医学部卒業後、同大学付属病院未熟児センター助手となる。1983年より、福井医科大学小児科講師、1988年同大学助教授となる。1990年より、文部省在外研究員としてオランダ、フローニンゲン大学にて発達行動学を学ぶ。1999年、埼玉医科大学小児科教授。2001年、東京女子医科大学・乳児行動発達学講座を開設し教授となる。また同年に日本赤ちゃん学会を創設。2008年10月より現職。2013年4月〜2017年3月、兵庫県立リハビリテーション中央病院子どもの睡眠と発達医療センター センター長も務める。
主な著書に「赤ちゃんと脳科学」（集英社新書）、「赤ちゃんのしぐさBOOK」「赤ちゃんの遊びBOOK」「赤ちゃんのからだBOOK」「赤ちゃんのおしゃべりBOOK」「赤ちゃんの小児科BOOK」（海竜社）、「発達障害の子どもを理解する」（集英社新書）、「赤ちゃん学を学ぶ人のために（編・共著）」（世界思想社）、「今なぜ発達行動学なのか —胎児期からの行動メカニズム」（診断と治療社）、「はじまりは赤ちゃんから『ちょい待ち育児』のススメ」（赤ちゃんとママ社）、「赤ちゃん学で理解する乳児の発達と保育1 睡眠・食事・生活の基本（共著）」「赤ちゃん学で理解する乳児の発達と保育2 運動・遊び・音楽（共著）」（中央法規出版）ほか多数。

小西 薫 (こにし かおる)

すくすくクリニックこにし院長。1948年京都市生まれ。1974年大阪医科大学卒業。京都大学医学部小児科入局。福井県立病院小児科などを経て、1984年から2002年3月まで福井総合病院小児科勤務。福井医科大学小児科臨床教授。福井大学教育地域科学部講師。保育所・幼稚園園医、中学校校医、保健所嘱託医兼任。2002年4月から2010年3月までさいたま市立総合療育センターひまわり学園勤務、2006年から所長。2003年4月から2006年3月まで埼玉大学教育学部講師。2010年6月すくすくクリニックこにし開設。児童発達支援・放課後等デーサービスすくすくひろば、病児・病後児保育すくすくSUN開設。保育園・幼稚園園医、小学校校医。専門領域は、小児神経学、小児発達神経学、小児保健学、障害児教育、育児学。日本小児科学会認定小児科専門医、日本小児神経学会認定小児神経専門医。
著書に、「心と身体の健診ガイド」（日本小児医事出版社）、「赤ちゃんのしぐさBOOK」「赤ちゃんの遊びBOOK」「赤ちゃんのからだBOOK」「赤ちゃんのおしゃべりBOOK」「赤ちゃんの小児科BOOK」（海竜社）、「言語聴覚障害総論II」（建帛社）、「赤ちゃん学で理解する乳児の発達と保育2 運動・遊び・音楽（共著）」（中央法規出版）などがある。

子どもはこう育つ！
―おなかの中から6歳まで―

2020年3月10日初版第1刷発行
2023年7月29日初版第4刷発行

著者●小西行郎　小西薫

発行人●小山朝史

発行所●株式会社 赤ちゃんとママ社

　　　　〒160-0003　東京都新宿区四谷本塩町14番1号　第2田中ビル

　　　　電話　03-5367-6592（販売）　03-5367-6595（編集）

　　　　http://www.akamama.co.jp

振替●00160-8-43882

印刷・製本●シナノ書籍印刷株式会社

構成・リライト●三枝節子

漫画・イラスト●齊藤恵

装丁・DTP●株式会社RUHIA

校正●河野久美子

編集●西由香